D1880165

इतिवृत्त
(उपन्यास)

इतिवृत्त

जगदम्बा प्रसाद दीक्षित

राधाकृष्ण प्रकाशन

ISBN : 978-81-7119-902-0

इतिवृत्त

© जगदम्बा प्रसाद दीक्षित

पहला संस्करण : 2004
पहली आवृत्ति : 2023

मूल्य : ₹595

प्रकाशक
राधाकृष्ण प्रकाशन प्राइवेट लिमिटेड
जी-17, जगतपुरी, दिल्ली-110 051

शाखाएँ : अशोक राजपथ, साइंस कॉलेज के सामने, पटना-800 006
पहली मंजिल, दरबारी बिल्डिंग, महात्मा गांधी मार्ग, प्रयागराज-211 001
वेबसाइट : www.radhakrishnaprakashan.com
ई-मेल : info@radhakrishnaprakashan.com

मुद्रक
बी.के. ऑफसेट
नवीन शाहदरा, दिल्ली-110 032

ITIVRITT
(Novel) by Jagdamba Prasad Dixit

इस पुस्तक के सर्वाधिकार सुरक्षित हैं। प्रकाशक की लिखित अनुमति के बिना इसके किसी भी अंश को, फोटोकॉपी एवं रिकॉर्डिंग सहित इलेक्ट्रॉनिक अथवा मशीनी, किसी भी माध्यम से, अथवा ज्ञान के संग्रहण एवं पुन:प्रयोग की प्रणाली द्वारा, किसी भी रूप में, पुनरुत्पादित अथवा संचारित-प्रसारित नहीं किया जा सकता।

उन आँसुओं के लिए
जो
चिनगारियों में
तब्दील हो जाते हैं।

लेखकीय

'इतिवृत्त' किंचित् संक्षिप्त रूप में पहली बार सन् 1988 में पुस्तकाकार प्रकाशित हुआ था। तब से वर्षों तक यह कृति अनुपलब्ध रही। प्रकाशकीय प्रवंचना ही इस स्थिति के लिए ज़िम्मेदार रही है। इसकी तीव्र भर्त्सना ज़रूरी है।

मुझे ख़ुशी है कि यह उपन्यास फिर प्रकाशित हो रहा है। सभी संबद्ध व्यक्तियों को इसके लिए मैं धन्यवाद देता हूँ।

—जगदम्बा प्रसाद दीक्षित

बहुत पहले छोड़ा हुआ यह स्टेशन अब भी वैसा ही है। यहाँ अब भी गाड़ियाँ ठहरती हैं...और चल पड़ती हैं। कोई चढ़ता हुआ दिखाई नहीं देता...कोई उतरता हुआ दिखाई नहीं देता। सिर्फ़ इंजन पानी लेते हैं...और गाड़ियाँ गुज़र जाती हैं। एक सन्नाटा टूट जाता है...फिर जुड़ जाता है।

मेरी आँखों के सामने लोग तैरते हुए गुज़र जाते हैं...ऊँघते हुए लोग। पिछली तमाम ज़िंदगी ये लोग ऊँघते रहे हैं। पिछली बार जब मैं गया था...ये लोग ऊँघ रहे थे।...आज जब मैं लौटा हूँ...ये लोग ऊँघ रहे हैं। बीच में कभी घंटियाँ बज उठती हैं और ये लोग जाग जाते हैं। फिर गाड़ियाँ गुज़र जाती हैं और ये लोग सो जाते हैं। ये लोग कहीं से आए नहीं...कहीं गए नहीं। ये लोग हमेशा यहीं रहे...गुज़रने वालों को देखते रहे। ऊँघते रहे और चौंकते रहे...फिर ऊँघते रहे।

अब स्टेशन मास्टर कोई और है। लेकिन कोई और नहीं है। अब भी वही है...क्योंकि स्टेशन के पास अब भी वही क्वार्टर है। इस क्वार्टर की दीवारें कुछ ज़्यादा बूढ़ी हो गयी हैं। लेकिन इन दीवारों से निकलने वाला स्टेशन मास्टर अब भी उसी तरह दौड़ता है। उसके हाथ तेज़ी से कोट के बटनों को बंद करते जाते हैं। यह कोट भी...बहुत पुराना हो चुका है। ये पटरियाँ...बहुत-बहुत दिनों से इसी तरह हैं। बहुत दूर...पेड़ों के झुरमुट के पास मिलती हुई दिखाई देती हैं। ये लोग अब भी दौड़ रहे हैं। स्टेशन मास्टर

के साथ...पोर्टर दौड़ता है। इसकी नीली वरदी अब भी फटी हुई है। स्टेशन की लाल बजरी इसके नंगे पैरों में अब भी नहीं चुभती। मुझे लगता है...मैं इसी तरह खड़ा रहूँ...गुज़रे हुए समय के साथ गुज़रे हुए लोगों को याद करता रहूँ।...

हलवाई अब भी वही करता है। गाड़ियों के वक़्त ख़ोंचे भेज देता है। दूर गाँवों से आनेवाले भिखारी ठीक समय पर जमा हो जाते हैं। अप और डाउन गाड़ियाँ सबको जमा कर लेती हैं। फिर सबको अलग कर देती हैं। चेहरे बदलते जाते हैं...लोग वही रहते हैं। स्टेशन भी वही होता है। पटरियाँ भी वही होती हैं। भिखारी और ख़ोंचेवाले भी वही होते हैं। मैं दोनों चीज़ों को एक साथ महसूस करता हूँ। सब कुछ वही है। सब कुछ बदल गया है। अब भी वैसी ही ख़ामोशी है...क्योंकि गाड़ियाँ उसी तरह गुज़र गयी हैं। अब भी दूर कहीं कोई चिड़िया चीख़ती है। अब भी उसकी चीख़ हवाओं पर तैरती इस पार से उस पार गुज़र जाती है। ये सभी चीज़ें अजनबी हो गयी हैं। मैं एक सिरे से दूसरे सिरे तक गुज़र जाता हूँ। अब यहाँ कोई मुझे पहचानता नहीं है। क्योंकि सारी घंटियाँ बज चुकी हैं और सारी गाड़ियाँ जा चुकी हैं। सभी इंजनों ने पानी ले लिया है और सब लोग लौट गए हैं। मेरी पतलून की फटी जेबों में दो टेलीग्राम पड़े हैं।...मैं सोचता हूँ कि सब कुछ वही है...लेकिन सब कुछ बदल गया है।

मैं एक बार फिर उस पुराने स्टेशन का चक्कर लगाता हूँ। एक तरफ़ मालगाड़ी के दो डिब्बे ज़मीन में धँसे बरसों से इसी तरह पड़े हैं। कुछ दूर रेल के टूटे हुए पहिए एक टूटी हुई पटरी पर खड़े हैं। सब पर ज़ंग लग चुकी है। इस ज़ंग के बीच कुछ बकरियाँ दुबकी हुई बैठी हैं। शायद हवा बहुत सर्द है। शायद शाम हो रही है। मुझे क्या करना है...मुझे मालूम नहीं। मैं जेब के काग़ज़ों को फिर टटोलता हूँ।...फ़ादर...बाप...सीरियस !...बाप...वेरी सीरियस !... पहले एक बस सुबह आती थी और शाम को लौट जाती थी। दोनों बसों के बीच लोग पैदल गुज़र जाते थे...बैलगाड़ियों पर गुज़र जाते थे...कभी-कभी कोई ट्रक मिल जाता था। अब क्या होता है...मालूम नहीं।

मैं धीरे-धीरे चाय की दुकान पर आ जाता हूँ। दो चाय वाले लौट आये

हैं...चाय का हिसाब दे रहे हैं। मुझे ग़ौर से देख रहे हैं। क्यों हो गया ऐसा ? एक मुसाफ़िर इस स्टेशन पर उतर गया ! दुकान के अन्दर से सिर निकालकर ठेकेदार पूछता है, 'कहाँ जाना है ?'

मुझे शायद सोचना पड़ता है—'सुमौली...नौबतसिंह वाली सुमौली... !'

सुमौली !...नौबतसिंह वाली सुमौली ! एक समय था...हम कहते थे...यह हमारा गाँव है।...ठाकुरों का गाँव। तोमरों और सेंगरों का गाँव। मेरे दादा झामसिंह महुए की दारू चुआते थे...भैंस पालते थे...बड़े शहर में दूध पहुँचाते थे और पहलवानी करते थे। उनके मरने के बाद हमारे पीती ने यह काम सम्हाल लिया...। लेकिन पिता यह सब नहीं कर सके।...ठेकेदार को बहुत काम है। चाय वालों का हिसाब बहुत ज़रूरी है। जल्दी-जल्दी कहता है, 'बालापुर की बस निकल गयी है। एक इक्का है। नहीं गया होगा तो मिल जाएगा।'

वह पैसे लेना शुरू कर देता है। बस अब भी बालापुर तक जाती है। उसके बाद क्या होता है...मालूम नहीं। हवाओं पर गुज़र कर फिर आ रही हैं आवाज़ें...चिड़ियों की। जब नहीं आतीं...तब भी आती रहती हैं। मास्टर टेलीफ़ोन पर ऊँची आवाज़ में बोल रहा है। मालगाड़ी गुज़रने वाली है। हरी झंडी लेकर प्लेटफ़ार्म पर खड़ा रहेगा।...मैं फाटक से बाहर आ जाता हूँ।

यहाँ मुसाफ़िरख़ाना है। यहाँ कोई मुसाफ़िर नहीं ठहरता। सिर्फ़ भिखारी आते हैं और चले जाते हैं। दीवारों पर लगे हुए पोस्टर बदल गए हैं। तस्वीरें अब भी वैसी ही हैं। आग लग गई है। नहीं लगनी चाहिए। दुर्घटना नहीं होनी चाहिए। बिना टिकट सफ़र नहीं करना चाहिए। थूक और गंदगी...और चारों तरफ़ फैले हुए भिखारी। एकदम पहले की तरह। दूर गाँवों से आये हुए। कोढ़ी और अपंग। मर्द और औरतें। पिछली गाड़ी चली गयी। अभी-अभी खड़े थे गाड़ी को घेर कर। चारों तरफ़ मैले-फटे कपड़े और गंदे-गंदे बर्तन। लड़ रहे हैं। जब तक अगली गाड़ी नहीं आएगी...लड़ते रहेंगे।...दो रातें और एक पूरा दिन...मुझे नींद नहीं आयी है। सवालों पर सवाल उठते रहे हैं। फ़ादर...वेरी सीरियस। बहुत देर हो चुकी है शायद। सब कुछ ख़त्म हो चुका है। लाश को आग पर रख दिया गया है। तेज़ हवा में उड़कर राख बिखर गयी है। एक

काली चट्टान पर बैठकर कुछ लोग रो चुके हैं। लौटने का वक़्त हो गया है...लोग लौट रहे हैं। लेकिन शायद यह सब ग़लत है। शायद अब भी कुछ समय बाक़ी है। शायद मैं अब भी पहुँच सकता हूँ।...क्योंकि बाहर एक इक्का है जो मिल सकता है।

मैंने भिखारियों के झुण्ड में से गुज़रना शुरू कर दिया है। गालियाँ जारी हैं। जो गालियाँ नहीं दे रहे हैं...जूठन खा रहे हैं। यह जूठन मुसाफ़िरों ने फेंकी थी...जो अभी-अभी गुज़र गए हैं। बहुत पुराने ज़ंग लगे पुल पर भी भिखारी बिखरे हुए हैं। ये भी खा रहे हैं और लड़ रहे हैं। इस ज़ंग लगे पुल के बाद एक रास्ता है जो मिट्टी से भरा हुआ है। बहुत पहले इस रास्ते से गुज़रकर जब मैंने ज़ंग लगा हुआ यह पुल पार किया था...यहाँ चारों तरफ़ एक खुला हुआ मैदान था। लेकिन अब यहाँ मिट्टी के कई झोंपड़े बन चुके हैं और इन्हें बने हुए भी शायद लम्बा अरसा हो चुका है। इन झोंपड़ों के पार और भी कई झोंपड़े हैं जहाँ से कुछ बैलगाड़ियाँ गुज़र रही हैं। इस उखड़े हुए रास्ते पर ये बैलगाड़ियाँ हमेशा इसी तरह गुज़रती रही हैं।...यह रास्ता और भी ज़्यादा उखड़ता रहा है। थोड़ी सी बारिश के बाद इस रास्ते पर टख़नों से ऊपर कीचड़ हो जाता है और चिकनी सफ़ेद मिट्टी एकदम काली होकर हर चीज़ से लिपट जाती है।

अब यहाँ एक छोटी बस्ती बस गयी है। मैं मिठाई की एक गन्दी दुकान के सामने रुक जाता हूँ। गुड़ की लाल मिठाइयों पर बैठी हुई मक्खियाँ अचानक भिनभिनाकर उड़ने लगती हैं। लेकिन वहाँ कोई नहीं है। पास ही ज़मीन पर किसी मोची का सामान पड़ा है। यहाँ भी कोई नहीं है। दरज़ी की दुकान भी ख़ाली है। शायद ये लोग दुकानों पर तभी आते हैं जब कोई ख़रीददार आता है। मैं एक ऐसे आदमी की तलाश करता हूँ जो बता सके कि इक्का कहाँ है और मैं बालापुर की सड़क पर आगे कैसे पहुँचूँगा।

कुछ दूर एक गन्दी नाली के पास कुछ लड़के दिखाई देते हैं। पत्थरों से किसी मेंढ़क को मारने की कोशिश कर रहे हैं। अचानक रुक जाते हैं और मेरी तरफ़ दौड़ पड़ते हैं।

'कहाँ जइहो बाबू ?'

'बस्ती माँ ? चलो...हम लै चलेंगे !'

'छोटेलाल मास्टर के हियाँ ?...चलो...हम पहुँचा देंगे।'

मैं चुपचाप इन लड़कों की तरफ़ देखता हूँ। कई साल पहले मैं इस तरफ़ का एक मामूली लड़का था। मुझसे बात करने में किसी को कोई दिलचस्पी नहीं थी। इस समय कोई कह रहा था, 'बाबू ! हमका खाली पचास पइसा दै देना...हम पहुँचाय देंगे...!'

'ए...तू पीछे हट !...हमका खाली चार आना दै देना बाबू...!'

'हमका खाली बीस पइसा...!'

'जौन मरजी होय...दै देना...।'

ठंडी हवाओं के झोंके अचानक तेज़ हो जाते हैं। तार-तार कपड़ों में लड़के काँप उठते हैं। इन कपड़ों को अब और सिया नहीं जा सकता। कुछ और गाँठें बाँधी जा सकती हैं। मेरे छोटे से बंडल को खींच रहे हैं। मगर मैं चारों तरफ़ घिरती शाम को देख रहा हूँ। बार बार लगता है कि समय ख़त्म हो गया है...या ख़त्म हो रहा है। लेकिन इक्केवाला कहीं दिखाई नहीं देता। क्या चला गया क़स्बे की तरफ़ ?

दूसरी तरफ़ कुछ और लोग भी हैं। अधेड़ और बूढ़े। गोलियाँ खेल रहे हैं। लड़ रहे हैं गोलियों पर। मैं समझ नहीं पाता हूँ। ये बूढ़े हो गये हैं या समय ने इनको ऐसा बना दिया है।

मैं अपना बंडल खींच लेता हूँ। लड़कों के दिल बैठ गये हैं। बस्ती में नहीं...आगे जाना है मुझे। बालापुर की सड़क पर...सुमौली। मैं पूछता हूँ, 'इक्कावाला...इक्कावाला कहाँ हैं ?'

'इक्कावाला ?...हसनवा ?'

'काहे रे...चला गा हसनवा ?'

'हम नहीं देखा।...सवेरे से नहीं देख पड़ा... !'

एक लड़का चिल्लाकर पूछता है 'भैयालाल !...ए भैया लाल !... इक्कावाला चला गा...?'

अचानक गोलियों का खेल रुक जाता है। सबके सब देखने लगते हैं। फिर तेज़ी से चल पड़ते हैं और हमारे पास आ जाते हैं। मैं इन लोगों को

पहचानता हूँ। बहुत पहले मैंने इन्हें देखा है। इनके पास कोई काम नहीं होता...या काम होता है तो साल में तीन-चार महीने। इनमें से बहुत से लोग चले जाते हैं। बाक़ी यहीं रह जाते हैं। कुछ नहीं करते। या गाय-भैंस चरा लाते हैं। फिर कोई पूछ रहा है, 'बस्ती माँ चलिहौ बाबू... ?'

'चलो...हम लै चलित है...।

'नाहीं हम...फिकिर ना करो...।'

'लाओ...सामान हमका...।'

'चल हट बे ! हम लै जाएँगे बाबू को...!'

मैं अपने सामने बढ़ी हुई काली-सफेद दाढ़ियों को देखता हूँ। झुर्रियाँ पड़ गयी हैं। शायद वक़्त से पहले। किसी ने मेरे कंधे पर हाथ रख दिया है। एक तरफ़ ले जाकर फुसफुसाता है, 'जरा सम्हाल के बाबू।...ये सबके सब चोर लोग हैं।...रुपिया-पइसा से हुसियार रहो।' ऊँची आवाज़ में कहता है, 'आप शर्मा बाबू के हियाँ जइहौ।...हमका मालूम है। लाओ...सामान !...ए, हट बे साले हियाँ से...।'

लेकिन वक़्त बहुत कम है। मैं कहता हूँ, 'नहीं हमको सुमौली जाना है...बालापुर की सड़क पर। इक्कावाला कहाँ मिलेगा ?'

एक पल के लिए सब चुप हो जाते हैं। फिर एक दूसरे से पूछताछ शुरू कर देते हैं। कहाँ है हसनवा ? कौन देखा है उसको ? सवारी ले के गया कि नहीं ? का बे सुलेमान ? तू देखा रहा हसनवा को ?'

सुलेमान चुप है। धीमी आवाज़ में कहता है, 'हसनवा नहीं जाएगा। ऊ बीमार है और उसका घोड़ौ बीमार है। आज दुई दिन हो गया...इक्का नहीं जोता...।'

यह बुरी ख़बर है। मैं लड़कों और बूढ़ों की उस भीड़ पर एक नज़र डालता हूँ।-'हमारा सुमौली जाना बहुत ज़रूरी है। कोई बहुत बीमार है। अगर इक्का नहीं मिलेगा तो बड़ी मुश्किल हो जाएगी...।'

भीड़ चुप है। मैं फिर बोलता हूँ, 'पैदल कितना रस्ता होगा ?'

सब देख रहे हैं एक दूसरे की तरफ़। सुलेमान कहता है, 'पैदल बहुत दूर पड़ी। रस्ता खराब है। रात-बिरात का टैम है...।'

फिर चुप हैं सब। फिर धीरे-धीरे आपस में बोलने लगते हैं। कोई पूछ रहा है, 'बहुत बीमार है ?'

'तुम्हारा कउन है ?...भाई ?'

'रिश्तेदार है ?'

मैं चुपचाप खड़ा हूँ। क्या जवाब है इस सवाल का ? एक आदमी, जो मर रहा है, हमारा कौन है ? बाप ? नहीं। सिर्फ़ एक अजनबी। क्या नाम दिया जा सकता है इस रिश्ते को ? नाम देना होगा। मैं बोलना शुरू कर देता हूँ। इन धूल भरे मैदानों में काफ़ी दूर जो आदमी मर रहा है...या मर चुका है...मेरा बाप है। मैं उसे रोक नहीं सकूँगा। मैं उसे वापस नहीं ला सकूँगा। फिर भी मेरा जल्द पहुँचना ज़रूरी है...क्योंकि वक़्त बहुत कम है। इस वक़्त का कोई मतलब नहीं है। आख़िरी बार एक दूसरे को देखना भी ज़रूरी नहीं है। आँखों में आँसू लाकर एक अजनबी को विदा करना भी ज़रूरी नहीं है। दहाड़ मार कर या चुपचाप सिसक कर किसी अनजाने आदमी को जाता हुआ देखना...या न देखना...दोनों में कोई फ़र्क़ नहीं है। यह भी ज़रूरी नहीं है कि हम अपने हाथों से किसी को आग के हवाले कर दें या ज़मीन में गाड़ दें। फिर भी ज़रूरी है कि हम जल्द पहुँचें...क्योंकि समय बहुत कम है।

अचानक मैं कहता हूँ, 'हसन का घर कहाँ है ?...थोड़ी दूर भी पहुँचा दे तो...बहुत होगा...।'

भीड़ की आँखों में हमदर्दी है। सब देख रहे हैं एक दूसरे को।...'काहे रे ? हसनवा के लड़िका लोग कहाँ गए ?'

एक साथ कई लोग बोल उठते हैं। कहीं रेलवे लाइन पर काम हो रहा है। काम की तलाश में चले गए हैं।

अब हवाएँ तेज़ हो गयी हैं। उजाला दूर पेड़ों के झुरमुट के पीछे सिमटता जा रहा है। लोगों ने हाथों को बग़लों में दबा लिया है। इन्हीं में से आवाज़ आती है, 'बाबू...तुम हमरे साथ आओ। हम लै चलित हैं हसन के हियाँ...।'

यह सुलेमान है। मैं भीड़ की तरफ़ नज़र डालकर चल पड़ता हूँ। चलता जाता हूँ। पीछे...अब बुज़ुर्ग लोग गोलियों के पास लौट गए हैं। बच्चे फिर उस मेंढ़क की तलाश कर रहे हैं जो गंदे कीचड़ में छिप गया है।

हम गुज़रते जाते हैं। हलवाई की दुकान पर एक औरत आ गई है। दरज़ी की दुकान अब भी ख़ाली है। यहाँ इतने कच्चे मकान पहले नहीं थे। मालूम नहीं कब बने...कब पुराने हो गये और कब टूट गये। हम बेतरतीब खंडहरों के पीछे चल रहे हैं। सुलेमान आगे है। फटी हुई कमीज़...फटा हुआ पाजामा...हाथों को बग़लों में दबाये हुए। समय से पहले एक खंडहर। चलता जा रहा है। चारों तरफ़ गंदा कूड़ा फैला है। मुरग़ियाँ घूम रही हैं। छोटे-छोटे चूज़े मुरग़ियों के साथ-साथ भाग रहे हैं।

अब हम कुछ और आगे आ गये हैं। एक बैल को पैरों से बाँधकर डाल दिया गया है। एक मोची खुरों में नाल ठोंक रहा है। दो किसान बैल को थामे हुए हैं।

'सलाम सुलेमान मियाँ !...कहाँ ?'

एक अजनबी को देख रहे हैं जो पीछे-पीछे चल रहा है।

'कहूँ नाहीं। जरा हसन मियाँ के हियाँ...।'

अब खंडहरों के पास गिरी हुई दीवारों वाला एक और खंडहर है। टूटे दरवाज़े पर बोरे का फटा हुआ परदा पड़ा है। बाहर एक टूटी चारपाई है। चारपाई के पास ही बँधा हुआ है घोड़ा...! या टट्टू। सामने पड़ी है सूखी घास...लीद। पास ही खड़ा है पुराना इक्का। दोनों बम ऊपर टँगे हैं। चिथड़े उड़ गये हैं। वहीं से शुरू हो जाता है मैदान जो दूर रेल की पटरियों से जुड़ जाता है। वहाँ एक सिग्नल दिखाई देता है और बाज़ू की पटरी पर मालगाड़ी का एक अकेला डिब्बा खड़ा है।

सुलेमान आवाज़ दे रहा है। अन्दर कोई खाँस रहा है। बाहर आने की कोशिश कर रहा है। किसी को पुकार रहा है।। किसी को गालियाँ दे रहा है। हम चुप हैं। अब बोरे का परदा हट गया है। सामने खड़ा है एक आदमी...एक लाठी पर झुका हुआ।

सुलेमान समझा रहा है।...'ई बाबू का बहुत जरूरी काम है। इनका बाप बहुत बीमार है।'

बूढ़े आदमी का दम फूल रहा है। एक हाथ से इशारा करता है। चारपाई पर बैठ जाओ। मैं नहीं बैठ सकता। फिर भी बैठना पड़ता है। समय बहुत

कम है। रुक-रुक कर बोल रहा है बूढ़ा आदमी।...'हालत बहुत खराब है बाबू...हमारी। घोड़ौ बीमार है। आवब-जाब बारा-पंदरा कोस का चक्कर हुई जाई। रात माँ मुकाम होई सो अलग। दूसरे दिन लौटाई होई। हम और हमारा घोड़ा...दोनों खतम हो जाएँगे बाबू !...मजबूर हैं...!'

मैं टूटी चारपाई पर ख़ामोश बैठा रहता हूँ। तीनों आदमी चुप हैं। कोई रास्ता नहीं है। टूटी दीवार के पीछे बच्चों का शोर जारी है। वहीं से चिल्लाकर डाँटता है बूढ़ा आदमी। ठंड सममुच बहुत ज़्यादा है। बूढ़ा और घोड़ा...दोनों मर जाएँगे। ठीक कहता है। लेकिन...अगर पैदल ही जाना है...तो चल पड़ना चाहिए। और वक़्त गुज़ारने से फ़ायदा नहीं। एक और ख़्याल आता है इसी समय। मैं उठते-उठते रुक जाता हूँ। बूढ़ा सुलेमान को अपनी ज़िंदगी की कहानी सुना रहा है।...छाती की बीमारी है। क़स्बे के अस्पताल से ला-लाकर कितनी दवाइयाँ खायीं। कोई फ़ायदा नहीं हुआ। डॉक्टर लोग...अस्पताल वाले...सब हरामख़ोर हैं। ऐसा अँधेर कि पूछो मत। सब अच्छी-अच्छी दवाइयाँ बेच डालते हैं। दवा के नाम पर पानी। अल्ला का क़हर ! थू-थू ! ऊपर से लेकर नीचे तक...सब अपना पेट भरने वाले। ग़रीब की सुनने वाला कोई नहीं...।

हाँफकर चुप हो जाता है। अब मेरा बोलना ज़रूरी है। मैं कहता हूँ, 'बड़े मियाँ ! न हो तो मुझे क़स्बे तक ही छोड़ दो। आगे कुछ और मिल जाएगा। नहीं मिलेगा तो पैदल ही चला जाऊँगा।...पाँच रुपये दूँगा तुमको...!'

सब लोग एकदम चुप हो गए हैं। सुलेमान मेरा मुँह देख रहा है। मैं फिर कहता हूँ, 'पाँच दूँगा... ख़ाली बस्ती तक छोड़ देना। आगे मैं आप चला जाऊँगा।'

मुझे लग रहा है कि मैं एक ग़लत काम कर रहा हूँ। दुनिया के इस कोने में पाँच रुपये बहुत ज़्यादा हैं। बूढ़ा पाँच रुपये नहीं ठुकरा सकता। किसी तरह नहीं। पाँच रुपये के लिए शायद जान की भी परवाह नहीं करेगा। मगर मेरे लिए ऐसा ग़लत काम ज़रूरी है। मैं पाँच रुपये की बात फिर एक बार करना चाहता हूँ।

लेकिन बूढ़ा सुलेमान से पूछ रहा है। या शायद अपने आप से पूछ रहा

है।...'का कहत हौ ?...चले जाएँ ? अबहीं दुई घंटा माँ लउट आवेंगे...।'

सुलेमान चुप है। शायद कहना चाहता है...नहीं, मत जाओ। मगर कह नहीं पा रहा है। कहना ज़रूरी है। सुलेमान कहता है, 'हम का कहें बड़े मियाँ ! जइसी तबियत हो वइसा काम करो...।'

लेकिन फ़ैसला कर लिया है बड़े मियाँ ने। आवाज़ देता है, 'सलमा ! जरा चाह बनाओ बिटिया ! जल्दी !...नूरे ! कहाँ गा नूरे ? हियाँ आ रे ! इक्का जोत जल्दी से।' फिर सुलेमान से कहता है, 'दुई घंटा...जादा टैम नहीं लगेगा।...इंसा अल्ला।'

बूढ़े हसन के जिस्म में अचानक ही गरमी आ गई है। अन्दर ख़बर पहुँच गयी है। पाँच रुपये। जल्दी-जल्दी हो रहे हैं सब काम। नूरे आ गया है। दस साल का लड़का। नयी घास डालता है घोड़े के सामने। इक्का तैयार हो रहा है। सुलेमान जा रहा है। ज़मीन पर बैठकर बूढ़ा अपनी कहानी सुना रहा है।...'ये लड़का नूरे...हमारा नाती है...बेटी का बेटा। दुई बिटिया अउर हैं...हमारी नतिनें...बिटिया की बिटिया। चार साल भये...हमारी लड़की जाती रही। जल के मरी। कोऊ-कोऊ कहते हैं...खुदै आग लगा लिहिस। तब ते ये बच्चा लोग हमरे पासै रहत हैं। इनका बाप दूसरा निकाह कर लिहिस।...मुक-र का खेल है सब !...अपना खून है...कइसे छोड़ दें !...ऊपर से बीमारी। एक आदमी कमाय वाला अउर चार खाय वाले। का कहें ! जब ते होस सम्हाला...यहै किस्सा चल रहा है। अइसा चल रहा है कि खतमै नहीं होत।...जल्दी कर बेटा ! बाबू का जल्दी जाना है...।'

...अब सफ़र शुरू हो गया है...और कहानी अब भी जारी है।...'हम बीमार...घोड़ा बीमार। बीमारी का है ? सबसे बड़ी बीमारी है गरीबी।...चल बेटा...चल ! हौले चल...मुला चल जरूर...।'

खाँसी का दौरा पड़ता है। बूढ़ा खाँसता है। बुरी तरह खाँसता जाता है। सारे फेफड़े बाहर आ जाएँगे। थूकता है।

लेकिन हर क़दम पर मुझे डर लग रहा है। घोड़ा गिर जाएगा। या बूढ़ा आदमी गिर जाएगा। घोड़े की थूथन पर फिचकुर दिखाई देता है। बूढ़ा आदमी थूकता चला जाता है। हम लोगों ने खंडहरों की बस्ती को पीछे छोड़ दिया

है। रेलवे लाइन पीछे दूर होती जा रही है। हरगंज रोड स्टेशन की इमारत अब दिखाई नहीं देती। सामने एक ऊँचा टीला है। घोड़े का हाँफना बढ़ गया है। मालिक कभी डाँटता है...कभी पुचकारता है।...कभी ख़ुद दम लेता है। अपनी कहानी कहता चला जाता है।... 'रेलवे...हमारे सामने आयी है बाबू ! पहिले हियाँ कहाँ रेलवे अउर कहाँ इसटेसन !...रेलवे आयी...तो कउन हम लोगन के वास्ते आयी ! सक्कर की मील बनी। वही के वास्ते रेलवे आयी !...चल बेटा...धीरे-धीरे ! अइसे ही बातचीत माँ रस्ता कट जाई।'

टीले की तरफ़ का रास्ता कँकरीला हो गया है। ऊपर मिट्टी है, अन्दर पत्थर हैं। कभी-कभी मिट्टी के ऊपर उभरे हुए पत्थर आ जाते हैं। घोड़ा ज़ोर लगाकर खींचता है। बूढ़ा चाबुक की एड़ लगाता है। पहिया गुज़र जाता है।

मैं कहानी सुनता जाता हूँ...या नहीं सुनता। डूबती हुई शाम को देखता हूँ। उजाला टीलों और पेड़ों के पीछे कहीं ग़ायब हो गया है। चारों तरफ़ से घिरने लगा है अँधेरा। मैं वहाँ कब पहुँचूँगा ? जब सब कुछ ख़त्म हो गया होगा...या हो रहा होगा। तब हम सबके लिए सिर्फ़ यही बाक़ी रह जाएगा कि हम पुरानी बातों के बारे में सोचें। अब भी...जब इक्के का पुराना पहिया धीरे-धीरे गुज़र रहा है और बूढ़े आदमी की कहानी जारी है...मेरी आँखों के सामने सिर्फ़ पुराने दिन गुज़रते जा रहे हैं। इन दिनों को मैं क़रीब-क़रीब भूल चुका था। लेकिन एक आदमी के गुज़र जाने के ख़्याल से ये दिन फिर लौटने लगे हैं।...कौन है यह आदमी ? या सिर्फ़ एक मनीऑर्डर है। कभी आता है...कभी नहीं आता है ? कभी चिट्ठियाँ आती हैं...कभी नहीं आतीं। नौकरी है। आजकल नौकरी नहीं है। छुट्टी मिलने वाली है। राज़ी-ख़ुशी...ईश्वर से नेक चाहते हैं।...जैसे ही छुट्टी मिली...आएँगे।...और हम तीन बच्चे कच्ची ज़मीन पर लेटे हुए हैं। रात का अँधेरा घिरा हुआ है। हम अपनी माँ से सट जाने की कोशिश करते हैं। और माँ लगातार अँधेरे की तरफ़ देख रही है। कहानियाँ सुनाने की कोशिश करती है। बीच के समय में कभी आ जाता है यह आदमी...हमारा बाप। साल या डेढ़ साल में...दस या पन्द्रह दिन के लिए। बहुत जल्द ये दिन ख़त्म हो जाते हैं। हम इस आदमी को रोकना चाहते हैं। लेकिन इसे जाने से कोई रोक नहीं सकता। क्योंकि मनी-ऑर्डरों का आना

ज़रूरी है। बहुत छोटे-छोटे मनी-ऑर्डर...बीस या पच्चीस रुपयों के। इसलिए फिर साल डेढ़ साल सिर्फ़ चिट्ठियाँ और कुछ नहीं।...सब अच्छे हैं।...कुशलता ईश्वर से नेक चाहते हैं। रुपये मिल गये।...रुपये भेज दिये हैं। छुट्टी मिल भी गयी तो आना मुश्किल है। आने-जाने में ख़र्च बहुत होता है। ख़ैर। आगे ईश्वर की मरज़ी। फ़क़त।

अचानक मेरा रोना ज़रूरी हो जाता है। अन्दर एक मशीन है। अपने आप आँसू टपकाती चली जाएगी। ये आँसू गुज़रते हुए रास्ते पर गिरकर खो जाएँगे। बूढ़ा इक्केवाला जान नहीं पाएगा। कहानी सुनाता चला जाएगा। कहाँ आ गये हैं हम लोग ? एक और चढ़ाव के पास। घोड़ा अब फिर हाँफ रहा है। जबड़े के दोनों तरफ़ फिर वही झाग। बूढ़ा जोश दिला रहा है।...'बस बेटा !...थोड़ा अउर है।...उतराई शुरू हो जाएगी। बस्ती तक उतराई ही उतराई है। चल बेटा !...धीरे-धीरे चल !...तो अइसा है बाबू ! एक तो गरीबी...ऊपर से बुढ़ापा। जिसम जवाब दे रहा है। मुला काम न करैं तो खाँय कहाँ से !...काम धरा कहाँ है ! हमार बड़ा लड़िका है...बेकार पड़ा रहत है। बीच-बीच में लैन का काम मिल जात है। दुई कोस जात है...दुई कोस आवत है...चार कोस। बड़े तड़के निकल जात है...बड़ी रात का लउटता है। तीन रुपिया रोज पावत है। का होत है तीन रुपैया माँ ! एक रुपिया तो चाह-पानी बीड़ी-तमाखू माँ उड़ि जात है।...चल बेटा ! चलत जा ! थोड़ा अउर है...।'

फटे कम्बल को कस कर लपेट लेता है। जाने कब जला ली थी एक बीड़ी। दम ले लेकर खाँसता है।...'सुनते हैं...सहर माँ अच्छी मजूरी मिल जात है।...काहे बाबू ?'

मैं चुप हूँ।...हाँ ! शहर में मज़दूरी अच्छी मिलती है। हम लोग उसी मज़दूरी पर ज़िंदा हैं। उसी मज़दूरी के मनी-ऑर्डर भेजते रहते हैं। हमारे पास घर नहीं...ज़िंदगी नहीं...सिर्फ़ मज़दूरी है। मैं चुप हूँ। मेरी बात बूढ़े की समझ में नहीं आएगी। वह समझता है, मैंने उसकी बात सुनी नहीं। फिर कहता है, 'काहे बाबू...सहर माँ तो तलब अच्छी मिलत है...!'

मैं उसे समझाने की कोशिश करता हूँ...'शहर में महँगाई बहुत है।...सब

बराबर हो जाता है।...रहने को घर नहीं...ठिकाना नहीं...।'

लेकिन बूढ़े का ध्यान इन बातों की तरफ़ नहीं है। वह सिर्फ़ मज़दूरी समझता है। कहता है, 'जइसे...यू सामने जौन बिरवा है न...पेड़। यहि की एक टँगाल काटें...तो सहर माँ कितनी मजूरी मिलैगी...?'

मुझे उसके सवाल में भोलापन दिखाई देता है। मैं उसे समझा नहीं सकता। इसलिए मैं कहता हूँ, 'इसकी मजूरी...यही कोई आठ-दस रुपिया।...मगर शहर में लकड़ी काटने का काम नहीं होता है बड़े मियाँ...!'

लेकिन बड़े मियाँ सिर्फ़ रुपये की बात सुन पाते हैं। अचानक कहते हैं, 'जो हमको हियाँ आठ-दस रुपैया मिलैं...तो अल्ला कसम...हम पूरा बिरवा काट के रख दें। सच्ची बाबू...झूठ नहीं कहित है...।'

इस समय घोड़ा रुक गया है। आगे नहीं बढ़ता। मालिक पुचकार रहा है...समझा रहा है...प्यार कर रहा है। लेकिन घोड़ा उसी तरह खड़ा है। हाँफ रहा है। इस ठंड में भी पसीने से तर।

अब बूढ़ा नीचे उतर गया है। हाथ फेर रहा है प्यार से। सारा बदन सहला रहा है। लेकिन घोड़ा नहीं हिलता अपनी जगह से। रात घिर रही है। सिर्फ़ आधा रास्ता तय हुआ है। पाँच रुपये का सवाल। अब बूढ़ा नाराज़ हो रहा है। घोड़े को लगाम से पकड़कर खींचता है। घोड़ा आगे नहीं बढ़ता...पीछे हटता है।

मैं घोड़े को देख रहा हूँ। एक और बूढ़ा...थका हुआ...हार गया है। पसीने में डूबा...ज़िंदगी के बोझ को उठाकर चल नहीं पा रहा है। अगले घुटनों को टिकाकर वहीं बैठ गया है। बूढ़े मालिक की सारी कोशिशें बेकार हो गयी हैं। गालियाँ दे रहा है ज़ोर-ज़ोर से। खाँसी का रेला उठता है। गालियाँ डूब जाती हैं। घोड़ा नहीं उठता। बूढ़ा आदमी अचानक फटे कंबल को उठाकर फेंक देता है। पीटना शुरू कर देता है उलटी चाबुक से। पीटता जा रहा है। लेकिन घोड़ा नहीं उठता। मैं इक्के से उतरकर अलग खड़ा हो जाता हूँ। यह नहीं हो सकेगा शायद। बाक़ी रास्ता पैदल तय करना होगा। मैं बूढ़े आदमी को समझाता हूँ, 'नहीं...जाने दो। मैं पैदल चला जाता हूँ...।'

मेरी बात सुनकर और नाराज़ हो जाता है बूढ़ा आदमी। 'यहि की मैया

की... ! जाएगा कइसे नहीं। यहि का बाप जाएगा। अबहीं जाएगा...।'

अब बेतहाशा पीट रहा है बूढ़ा आदमी एक बूढ़े घोड़े को। दोनों एक टूटते हुए किनारे पर खड़े हैं। दोनों गिर जाएँगे। लेकिन बूढ़ा आदमी पीटता जाएगा। ज़िंदगी का दर्द...ज़िंदगी की नफ़रत...घुटन...सब कुछ निकाल डालेगा घोड़े पर। लेकिन घोड़ा भी सब कुछ निकाल देगा। पिटता जाएगा और नहीं उठेगा।...और मैं चुपचाप देखता रहूँगा।

लेकिन शाम डूब रही है और रात आ रही है। वक़्त कम है। बूढ़ा आदमी अचानक फिर खाँसी के रेले में डूब गया है। खाँसता है और हाँफता है।

शायद वक़्त आ गया है कि मैं अपनी जेब से निकालकर कुछ पैसे बूढ़े के हाथ में थमा दूँ और आगे बढ़ जाऊँ। लेकिन टीले की पगडंडी पर कोई चल रहा है। हलके अँधेरे में पहचानना मुश्किल है। अब ये छायाएँ धीरे-धीरे सामने आती हैं और दूसरी तरफ़ से गुज़र जाना चाहती हैं। बूढ़ा आवाज़ देता है, 'कउन है रे ?...जरा हियाँ आ तो...!'

छायाएँ धीरे-धीरे नज़दीक आ जाती हैं। मैं अपने-सामने दो अधनंगे आदमियों को देखता हूँ। इनके सिर पर लकड़ियों के गट्ठर हैं। ये लोग डरे हुए हैं। शायद लकड़ियाँ कहीं से चुराकर ला रहे हैं।

'कउन गाँव ?'बूढ़ा पूछ रहा है।

छायाएँ हिचकिचा रही हैं।

'कउन गाँव ?'

'झरखेड़ा...!'

'ज़रा हाथ लगाओ। हमार घोड़ा अड़ गवा है...!'

घिरते अँधेरे में दोनों मेरी तरफ़ देखते हैं। लकड़ियों के गट्ठर डाल देते हैं...घोड़े को उठाने की कोशिश करते हैं।

बूढ़ा घोड़ा अब उठ रहा है धीरे-धीरे। बूढ़े आदमी का ग़ुस्सा ख़त्म हो गया है। बहुत प्यार से सहला रहा है घोड़े को। मुझे लगता है कि जैसे माफ़ी माँग रहा है।

'अच्छा दादा ! राम राम !' लकड़ी वाले जा रहे हैं।

'सलाम बेटा ! ले...बीड़ी पी ले...!'

बीड़ियाँ जलती हैं। बूढ़ा पूछता है, 'केहि के बाग की लकड़ी है ये ?'

लकड़ी वाले चुप हैं। लेकिन एक बोल उठता है, 'अब का बताएँ दादा ! जौने दिन पकड़ लेते हैं...अइसी हालत करते हैं कि कुछ पूछो ना...! चलित हैं। सलाम।'

आगे बढ़ जाते हैं। हम लोग फिर बैठ गये हैं इक्के पर। घोड़ा चलने लगता है धीरे-धीरे। बूढ़ा फिर बोलना शुरू कर देता है, 'आठ-बारा आना बाबू...जादा नहीं। एक गट्ठा का जादा में जादा बस यहै दाम है। यहि के लिए दुई कोस चल के आते हैं और बेच के फिर लउट जाते हैं।...ढेढ़-डोम हैं...नीची जात वाले। काम-धन्धा कुछौ है नहीं। बस लकड़ी चुराय-चुराय के बेचते हैं। जौने दिन पकड़े जाते हैं...ठाकुर लोग मार-मार के भरता कर देते हैं। पर करैं क्या ! फिर वहै काम करते हैं।'

सफ़र फिर शुरू हो गया है। बढ़ते हुए अँधेरे में धीरे-धीरे बढ़ रहा है घोड़ा। बूढ़े की बीड़ी रह-रहकर तेज़ हो उठती है। पुचकारता जाता है घोड़े को। ख़ामोशी का सफ़र है चारों तरफ़।

लेकिन चढ़ान अब भी ख़त्म नहीं हुई है। बूढ़ा घोड़ा चलता है...रुक जाता है...फिर चलता है। बूढ़ा आदमी फिर नाराज़ हो रहा है। बीच-बीच में चाबुक मार देता है। घोड़ा पिटता जाता है और घिसटता जाता है। पूरा इक्का घिसट रहा है। अब कोई कुछ नहीं बोलता। बूढ़े आदमी की कहानियाँ ख़त्म हो गयी हैं।...

टीले के गुज़रने के बाद दूसरी तरफ़ चिराग़ दिखाई देते हैं। यही बस्ती है...क़स्बा हरगंज। सरदी अभी से बहुत है। जब पूरी रात हो जाएगी, तब क्या होगा ? मैं कहता हूँ, 'लौटते-लौटते बहुत रात हो जाएगी बड़े मियाँ...!'

बूढ़ा आदमी अँधेरे में जैसे एक लम्बी साँस खींचता है।...'ना...अब हिम्मत नहीं है। कहूँ इक्का खड़ा करेंगे अउर सो जाएँगे। घोड़ा बस्ती तक पहुँचा दे...यहै बहुत है।' अचानक मुझसे पूछता है, 'पर तुम का करोगे बाबू ? पइदल जाओगे आगे ?'

अब भी पिट रहा है घोड़ा। अब बस्ती तक पिटता हुआ ही जाएगा। मैं चुप हूँ। इस सवाल का जवाब मुझे मालूम नहीं। बोल रहा है बूढ़ा, 'एक काम

करना बाबू...पइदल मत जाना। रात-बिरात का बखत है। जमाना ठीक नहीं है...।'

लेकिन मैं बूढ़े की बात मानने के लिए तैयार नहीं हूँ। समय का हर पल बहुत मुश्किल है। क्योंकि इसके बाद हम लोग बार-बार एक गुज़रे हुए आदमी को देखना चाहेंगे, लेकिन देख नहीं सकेंगे। बस तस्वीरें रह जाएँगी। शायद एक आवाज़ रह जाएगी। इसके बाद रोना ज़रूरी हो जाएगा। डूबती आवाज़ में मैं कहता हूँ, 'जाना पड़ेगा।...रात-बिरात होने से रुक नहीं सकता। यह टाइम फिर नहीं मिलेगा...।'

अँधेरे में हम एक दूसरे को देख नहीं सकते। लेकिन आवाज़ का काँप जाना छिप नहीं सकता। बूढ़ा आदमी कहता है, 'बाबू !...उस पर भरोसा रखो। सब ठीक हो जाएगा।...पइदल मत जाना। इन्सा अल्ला...।'

मैं अँधेरे में देखता हूँ...बूढ़े आदमी की उँगली ऊपर उठी हुई है। ...उस पर भरोसा रखना ज़रूरी है।...खाँसी का दौर शुरू हो जाता है। बूढ़ा खाँसता है...खाँसता चला जाता है। घोड़ा घिसटता चला जाता है...घिसटता चला जाता है। यहाँ से कुछ दूर एक आदमी ने शायद खाँसना बंद कर दिया है। घिसटना ख़त्म हो गया है और वह हमेशा के लिए सो गया है। हम सब अब भी डरे हुए हैं। इसी तरह ऊपर की तरफ़ देखते हुए...हाँफते और खाँसते हुए एक दिन हम अपना सफ़र खत्म कर देंगे। मुझे फिर लगता है कि ज़िंदगी काफ़ी छोटी पड़ गई। हम सिर्फ़ सोचते रहे। ऐसे दिन का इंतज़ार करते रहे जब हम ज़रूर एक दूसरे के लिए कुछ कर सकेंगे। जो सारी ज़िंदगी घिसटते रहे हैं, उन्हें एक बेहतर ज़िंदगी दे सकेंगे। इन घिसटते हुए लोगों ने हमें एक बेहतर ज़िंदगी देने की कोशिश की...और हार गए। लेकिन हमारे दिलों में कहीं यह भरोसा था कि हम हारेंगे नहीं। हम उन्हें ज़रूर सहारा देंगे जिन्हें उम्र, बीमारी और ज़िंदगी ने तोड़ दिया है। लेकिन अचानक सब ख़त्म हो गया। ज़िंदगी अचानक बहुत छोटी पड़ गई। हमें एक दूसरे से बात करने का समय नहीं मिला। हम बोलना चाहते थे...बोल नहीं सके। हम बताना चाहते थे कि हमारे दिलों में दर्द है और प्यार है। यह दर्द और प्यार उनके लिए है जो हमेशा हमसे दूर रहे। इस दर्द को हम कह नहीं सके...ख़तों में लिखकर बता नहीं

सके। इसलिए हम इसी तरह ज़िंदा रहे। माँ...बाप...भाई...भाई...बहन...सब रिश्ते-नाते उसी तरह क़ायम रहे। हम जैसे-जैसे बड़े होते गए एक दूसरे के लिए अजनबी बनते चले गए। लेकिन फिर हम अजनबी भी नहीं रहे। हमें एक दूसरे से नफ़रत हो गई। हमने सिर्फ़ अपनी हदों को पहचाना...अपनी मजबूरियों को समझा। हम नहीं समझ सके कि मजबूरियों की ये हदें सभी को घेरे हुए हैं। अपनी मजबूरियों के लिए हम एक दूसरे को ज़िम्मेदार ठहराते रहे। हमने समझा कि दूसरा आदमी स्वार्थी और ख़ुदगर्ज़ है। हदों ने सिर्फ़ हमें बाँध रखा है। औरों ने दिखावे के लिए हदें ओढ़ ली हैं। इस तरह हमने मान लिया कि हमें एक दूसरे से नफ़रत हो गयी है। लेकिन ज़िंदगी प्यार और नफ़रत दोनों के लिए छोटी पड़ गई है। मैं एक अँधेरे ऊबड़-खाबड़ रास्ते से गुज़र रहा हूँ...और बेचैन हूँ...उस आदमी से मिलने के लिए जो सभी अँधेरों और सभी उजालों के पार जा रहा है...या जा चुका है। नफ़रत भी अगर मेरे काम आ जाती...तो मेरा छुटकारा हो जाता। मेरे लिए अब एक ही चीज़ बाक़ी है। मुझे उस पर भरोसा रखना है जिसकी तरफ़ एक बूढ़े खाँसते हुए आदमी की उँगली उठी हुई है।

लेकिन ऐसा नहीं हो सकता। मैं चुप हूँ। सिर्फ़ देख रहा हूँ कि हम बस्ती के उजालों के बहुत पास आ गए हैं। खाँसी का दौर ख़त्म हो चुका है। बूढ़ा आदमी कह रहा है, 'पइदल मत जाना।...बस्ती लाँघ के वहि पार चले जाना। हुआँ गुजरी बजार है। हुँआ ते सड़क जाती है...बालापुर...अउर आगे। हुआँ सरकारी कामौ चलत है। सरकारी जीप-लारी आवत-जात रहत हैं। कुछौ न कुछौ जरूर मिल जाएगा। हाथ उठाके रोक लेना। रुपिया.. दुई रुपिया...जौन माँगे...दै देना।...पइदल मत जाना। अल्ला सब ठीक करी...।'

बूढ़े आदमी की कहानी अब फिर शुरू हो गई है।...'कइसा-कइसा टैम आवा बाबू...का बताएँ ! मगर मालिक सब पार कर दिहिस। एक दाँय अइसा था बाबू...कि हमारा यू घोड़ा अइसा बीमार पड़ा कि अब गा अउर तब गा। यहै तो हमारी रोटी-रोजी है। ...मगर मालिक का फजल...।'

इन कहानियों में कोई नयी बात नहीं है। आदमी हो या घोड़ा...एक नाम की जगह दूसरा नाम।...बाक़ी सब वही।...भूख...बीमारी...ग़रीबी...

बुढ़ापा...मौत। लेकिन फिर भी कोई है। उस पर भरोसा रखना ज़रूरी है। फिर हमने ही क्यों ऐसा किया ? हम लोग...जो बिखरे हुए थे...प्यार और नफ़रत से जुड़े हुए थे...क्यों हमने समझ लिया कि सब कुछ हमेशा इसी तरह क़ायम रहेगा ? जो जहाँ है वह हमेशा वहीं रहेगा ? हममें से कोई अपनी यात्रा के आख़िरी सिरे पर नहीं पहुँचेगा ? और इसके बाद कहीं से एक वक़्त आ जाएगा। जो सब कुछ ठीक कर देगा। हम सबको एक रास्ता मिल जाएगा। हम जो बोलकर या लिखकर नहीं बता सके...तब बता सकेंगे। बता सकेंगे कि हमारे आसपास जो लकीरें थीं...वे सिर्फ़ हमारी मजबूरियाँ थीं। इन मजबूरियों को तोड़कर अब हम लौट आए हैं। स्वार्थी और ख़ुदगर्ज़ कोई नहीं था। हम सिर्फ़ बँधे हुए थे।...यह सब सोचने की ग़लती हमने क्यों की ? हमने क्यों समझा कि कहानियाँ शुरू होती हैं तो ख़त्म भी हो जाती हैं ? सवाल उठते हैं तो हल भी हो जाते हैं ? कि हर चीज़ हमारे देखते-देखते एक नतीजे पर पहुँच जाती है ? हमने क्यों नहीं सोचा कि यहाँ अचानक सब कुछ बीच में ही छूट जाता है ? कहानियाँ अधूरी रह जाती हैं। हम किसी नतीजे तक पहुँच नहीं पाते।...और अब बहुत देर हो चुकी है। मेरी जेब में पड़े दो टेलीग्राम इस देरी की गवाही दे रहे हैं।

हम अब बुझते हुए चिराग़ों के दायरे में आ गए हैं। मगर बूढ़ा आदमी अब भी बोलता चला जाता है।...'मालिक बड़ा करीम है बाबू !...हमार घोड़ा का बचाय लिहिस...हमका बचाय लिहिस। जौ घोड़ा मर जाता...तो हम भी मर जाते। सच्ची कहित है। जौन दिन घोड़ा मर जाएगा...हमहूँ मर जाएँगे...हमका हमेसा यहै लागत है...।'

बस्ती हरगंज के बहुत से चिराग़ बुझ चुके हैं। पहले यहाँ बिजली नहीं थी। उस समय चौराहों पर लगे खंभों के ठीक ऊपर मिट्टी के तेल का लैम्प होता था। यह लैम्प नीचे से छोटा और ऊपर से चौड़ा होता था। इसमें चार कोण होते थे। हर शाम एक आदमी आकर इन लैम्पों को जला जाता था। हम लोग गाँव से जब कभी क़स्बे में आते थे, इन लैम्पों को जलता हुआ देखना हमें अच्छा लगता था। अब मुझे यहाँ बिजली के बल्ब टिमटिमाते हुए दिखाई दे रहे हैं। वही बेतरतीब दुकानें और वही ऊँचे-नीचे मकान। बहुत पहले जहाँ

जगह ख़ाली पड़ी थी...अब वहाँ भी ठेले लग गए हैं। कच्चे मकानों की बस्ती है। ठीक पहले की तरह बीच-बीच में कहीं कोई पक्का मकान दिखाई दे जाता है।

मुझे अचानक बहुत पहले की बहुत सी बातें याद आ जाती हैं। यहाँ...इसी क़स्बे में...आगे पड़ाव का मैदान है। उससे परे सिद्धानाथ बाबा का मन्दिर है। वहाँ हर साल मेला लगता था। हम लोग बहुत से बच्चे थे। झबूले सिंह की बैलगाड़ी में लदकर मेला देखने आते थे। हमारे साथ अम्मा भी होती थीं। अम्मा हर साल बाबा की मनौती मानती थीं। क्या हुआ उन मनौतियों का ? मुझे मालूम नहीं। लेकिन मैंने अम्मा को दिन ब दिन सूखते हुए देखा था। क्या अब भी बस्ती हरगंज के दूसरे सिरे पर पड़ाव का मैदान है ? क्या अब भी सिद्धनाथ का मेला लगता है ?...एक वक़्त को हम लोग बहुत पीछे छोड़ आये हैं। उस समय जो लोग साथ थे...आज उनमें से कोई यहाँ नहीं है। फिर भी मैं उस पर जाना चाहता हूँ। उन तमाम जगहों से गुज़र जाना चाहता हूँ जिनको मैंने बरसों से देखा नहीं। या जिनको मैंने बार-बार सिर्फ़ सपनों में देखा है। मैंने बहुत सी दूसरी जगहें देखी हैं। लेकिन वे जगहें मेरे सपनों में कभी नहीं आयीं। यहाँ इस टीले से बहुत दूर...दूसरी तरफ़...जाने कहाँ तक...जो ज़मीन फैली हुई है...मैंने सिर्फ़ उसे ही सपनों में क्यों देखा है ?...

यहाँ सरदी बहुत है। घरों के दरवाज़े शाम से ही बंद हो चुके हैं। यहाँ पीपल का पेड़ है। वहाँ बरगद का। वहाँ छोटा-सा शिवाला अब भी बना हुआ है। लेकिन दीवारों का पलस्तर गिर रहा है। वहाँ शिवलिंग के पास सोए हुए कुत्ते सरदी से बचने की कोशिश कर रहे हैं। बस्ती के शुरू होते ही यहाँ बम-पुलिस है। यहाँ अँधेरे में सूअर भाग रहे हैं और कुत्ते उनका पीछा कर रहे हैं।

अब हम आ गए हैं कच्चे रास्तों के चौराहे पर। एक सड़क पक्की हो चुकी है। पान की एक दुकान अब भी खुली हुई है। पास ही एक अलाव जल रहा है और कई लोग आग ताप रहे हैं। इक्का रुक जाता है। बूढ़ा आदमी नहीं जानता कि मैं क्या सोच रहा हूँ।...'बाबू ! यू रस्ता सीधा गुजरी बजार जाएगा। हुआँ तुमका कुछ न कुछ मिल जाएगा। तुम कहो तो हुआँ तक चली। नहीं

तो हेईं छाँड़ देई। यू हमार अड्डा है। जौ लउटानी की सवारी मिली तो लउट जाब। नहीं तो हेईं आगी के पास इक्का ठाढ़ कर देंगे अउर रात काट देंगे...।'

मैं इक्के से उतर जाता हूँ। पाँच रुपये का नोट मेरे हाथ में है। अब और भी जल्दी है मुझे। लेकिन बूढ़ा कह रहा है, 'नाहीं बाबू ! चलो हम तुमका बजार में छोड़ देते हैं...।'

मैं अब नहीं रुकूँगा। पीछे से आवाज़ दे रहा है बूढ़ा आदमी, 'बाबू !...जरा गरमा लेव आगी के पास। सरदी बहुत है...।'

मैं हाथ हिलाकर इनकार करता हूँ और चलता जाता हूँ।

लेकिन आवाज़ अब भी आ रही है, 'सीधा आगे की तरफ बाबू !...पइदल मत जाना बाबू !' इसके बाद की आवाज़ खाँसी में डूब जाती है।

...और अब फिर सब कुछ पीछे छूट गया है और मैं आगे निकल आया हूँ। पीछे घूमकर देखने पर अब सिर्फ़ अलाव का उजाला दिखाई देता है। इधर-उधर कहीं कोई धुँधला चिराग़ है। आगे दूर पर गहरा अँधेरा है।

और सूनी गलियाँ...मकान...बंद दुकानें। कहीं गुज़रते हुए इक्के-दुक्के आदमी। सारी बस्ती ठिठुरी हुई है। इस ठिठुरन के बीच कुत्ते जाग जाते हैं और भोंककर पीछा करते हैं। मैं बार-बार इस बस्ती का चक्कर लगाता हूँ। इस बड़े फाटक पर पहले एक तख़्ती लटकती रहती थी। हम लोग आते-जाते उस नाम को ज़रूर पढ़ते थे। लेकिन अब वह तख़्ती वहाँ नहीं है।...इस सड़क से रामलीला का जुलूस निकलता था। जिस दिन रावण मरता था...बहुत भीड़ हो जाती थी। वहाँ आगे साव की दुकान थी जहाँ रासलीला की झाँकियाँ सजायी जाती थीं।...यहाँ यह नाला अब भी है। बरसात में ख़ूब भर जाता था। तालाब की मछलियाँ बहकर नाले में आ जाती थीं। धीमरों के छोकरे हाथों में बाँस की टोकरियाँ लेकर पानी में कूदते थे। बाहर आते थे तो टोकरियों का पानी निकल जाता था और छोटी-छोटी मछलियाँ रह जाती थीं।...वहाँ आगे धर्मशाला है। अब और भी ज़्यादा टूट गई है। पहले की तरह शायद अब भी यहाँ कोई नहीं ठहरता। उस समय यह धर्मशाला सिर्फ़ चोर, उचक्कों और भिखारियों का अड्डा हुआ करती थी।...मैं इस क़स्बे की हर चीज़ में उन लोगों को ढूँढ़ लेना चाहता हूँ जो जा चुके हैं। लेकिन क़स्बा ख़ामोश है।

यह मुझे पहचानता नहीं। बड़े शहर की तरह छोटा क़स्बा भी अजनबी हो गया है। अब यह कुछ नहीं है। बेजान मिट्टी, पत्थरों और गिट्टियों का जमघट है। एक वक़्त है जो मेरे और क़स्बे के बीच खड़ा हुआ है। एक और वक़्त है जो आवाज़ दे रहा है। मुझे जाना है। मैं ठहर नहीं सकता।

अब सारी बस्ती पीछे छूट चुकी है। आख़िरी सिरे पर गुजरी बाज़ार इस समय सूना और ख़ामोश है। चबूतरे ख़ाली पड़े हैं। इतवार को छोड़कर बाक़ी सभी दिन इसी तरह ख़ाली पड़े रहते हैं। हम लोग जब छोटे बच्चे थे...इतवार के दिन यहाँ आने के लिए तरसते रहते थे। उस समय आसपास के गाँवों से आने वाले व्यापारी अपने साथ तरह-तरह की चीज़ें लाते थे। बहुत सी बैलगाड़ियाँ आती थीं और यहाँ हर चबूतरे पर बड़ी भीड़ जमा हो जाती थी। हम लोग कुछ ख़रीद नहीं सकते थे। मगर भीड़ को देखना अच्छा लगता था। उस समय इतने सारे चबूतरे नहीं थे। यह दीवार भी नहीं थी जो अब पिछली तरफ़ उठा दी गई है।

मैं उस सूने बाज़ार के एक चबूतरे पर बैठ जाता हूँ। सड़क के दोनों सिरों पर पेड़ के झुरमुट हैं। किसी जीप या ट्रक का इंतज़ार करना ज़रूरी है। या फिर पैदल चल देना ज़रूरी हो जाएगा। मैं बहुत दूर-दूर तक अँधेरे में ताकता हूँ। क्या अब किसी मोटर की बत्तियाँ चमक रही हैं ? नहीं। अब भी अँधेरा है। उस तरफ़ भी अँधेरा है।...थोड़ी देर बाद फिर नज़रें उठाने पर भी...चारों तरफ़ अँधेरा है। मेरी पोटली मेरे हाथों में है और पुराने कोट के अन्दर मैं कँपकँपी महसूस करता हूँ। मैं उठकर अँधेरे में टहलने लगता हूँ। शायद सारी रात इसी तरह गुज़र जाएगी। अन्दर एक आँधी है...जो तेज़ होती चली जाएगी। मरने वाले की ज़िंदगी के तमाम ख़्याल मुझे चैन नहीं लेने देंगे।...शायद ऐसा हो चुका है। दो टेलीग्रामों के बाद अब तीसरा भी भेजा जा चुका है। यहीं...इस क़स्बे से। सब ख़त्म हो चुका है। अब कोई सीरियस नहीं है।...अचानक मैं और ज़्यादा बेचैन हो जाता हूँ और किसी आवाज़ को सुनने की कोशिश करता हूँ। क्या कहीं किसी की आवाज़ मुझे सहारा नहीं दे सकती ?...मुझे कुछ सुनाई पड़ता है। घंटियाँ बज रही हैं। अँधेरे में दूर पर कुछ दिखाई देता है। मैं आगे बढ़ जाता हूँ। ये बैलगाड़ियाँ हैं। गाड़ीवाले

गर्म पुआलों के बीच सो चुके हैं। जागते हुए बैल...गाड़ियाँ खींचते चले जा रहे हैं। शायद ये ही मुझे कुछ दूर पहुँचा दें। लेकिन मुझे लगता है इनकी चाल बहुत धीमी है।

मैं आगे बढ़कर रास्ते पर खड़ा हो जाता हूँ। बिचककर बैल रुक जाते हैं। पुआल के बीच से कम्बल में ढँका हुआ एक चेहरा उभरता है। पीछेवाली गाड़ी भी रुक गई है। आवाज़ आ रही है, 'का हो...का बात है ?'

आगेवाला गाड़ीवान अँधेरे में देखने की कोशिश करता है। मैं कहता हूँ, 'कहाँ जाएगी गाड़ी ?...हमको सुमौली जाना है...नौबत सिंह वाली...।'

उनींदी आवाज़ आती है, 'न जइहै हुआँ। टेसुआ जइहै...! चल रे...हुक्-हुक्...।'

मैं चुपचाप अलग हटकर खड़ा हो जाता हूँ। देर तक आती रहती है घंटियों की आवाज़। इसके बाद फिर वही ख़ामोशी जिससे मैं भागना चाहता हूँ। शायद इसलिए भी ज़रूरी है कि मैं चलना शुरू कर दूँ। लेकिन मैं सड़क पर बेसब्री से चक्कर काट रहा हूँ।...

...सारी दुनिया में भटककर हम मरने के लिए कहाँ पहुँच जाते हैं ? वहाँ जहाँ वक़्त कम पड़ जाता है। लेकिन यह फिर भी बेहतर है। ऐसा भी हो सकता था कि भटकता हुआ एक बूढ़ा आदमी किसी रेलवे स्टेशन के प्लेटफ़ार्म पर मर जाता। किसी रेलगाड़ी में...किसी अनजाने शहर में अजनबियों के बीच गुज़र जाता। जिस आदमी की कोई जगह न हो...उसके लिए ऐसी मौत ही ज़्यादा सही है। एक लावारिस लाश को फेंक दिया जाता या जला दिया जाता और हम सबके लिए अपने-अपने शहरों से बाहर निकलने की ज़रूरत नहीं पड़ती। इसलिए जो कुछ हुआ है...ठीक हुआ है। बूढ़े इक्केवाले की तरह हमें उसके सामने सिर झुकाना चाहिए जिसे हम उँगली ऊपर उठाकर पहचानते हैं। यह सही है कि मरना सिर्फ़ मरना है...मरने और मरने में कोई फ़र्क़ नहीं है...फिर भी यही बेहतर है...कम से कम उनके लिए जिन्हें आगे ज़िंदा रहना है। इस तरह उनकी आत्मा का दर्द शायद उन्हें तकलीफ़ न दे।

अब एक आवाज़ आ रही है। दूर पर दो बत्तियाँ चमक रही हैं। शायद कोई ट्रक है। मैं सड़क पर खड़ा हो जाता हूँ। नज़दीक आती हुई बत्तियाँ

एकदम नज़दीक आ जाती हैं। मैं बार-बार हाथ हिलाता हूँ। सामने एक जीप है...सरकारी। मैं पूछता हूँ कि क्या जीप सुमौली बालापुर की तरफ़ जाएगी।...नहीं। ब्लॉक की जीप है। आगे डाक बँगले तक जाएगी।...

और अब जीप भी जा चुकी है। सिर्फ़ हलकी चाँदनी निकल आयी है। इस चाँदनी में पेड़ों के काले साये ज़्यादा भयानक लग रहे हैं। मैं चलना शुरू कर देता हूँ। बार-बार लगता है कि जैसे पीछे मोटर की आवाज़ आ रही है। बार-बार यह ख़याल ग़लत साबित हो जाता है। मैं चलता जाता हूँ। सड़क के दोनों तरफ़ काले साये मेरे साथ साथ चल रहे हैं। फ़सलें कट चुकी हैं...नयी बोआई हो चुकी है...फिर भी चारों तरफ़ नंगे खेत बिखरे हुए हैं। दूर पर सियारों के चिल्लाने की आवाज़ गूँज रही है। एक पेड़...दूसरा पेड़...तीसरा पेड़...बहुत से पेड़ पीछे छूटते चले जाते हैं।...

...उस समय भी ऐसा हुआ था। हम लोग साथ-साथ चले थे। कुछ दूर चल ठहर गए थे। दस दिन साथ रह कर मेरा बाप वापस जा रहा था। दो साल पहले मैंने इस आदमी को देखा था। इन दो सालों में काफ़ी कुछ बदल गया। मैंने देखा था कि चेहरे पर झुर्रियाँ उभरने लगी हैं। कमर में थोड़ा झुकाव आ गया है। आँखें बुझने लगी हैं। मैं छोटा था। लेकिन बहुत छोटा नहीं था। काफ़ी दूर साथ-साथ चलने के बाद जब हम लोग ठहर गए थे तो मैंने कहा था, 'तुम काहे नहीं रहते हमारे साथ ?...हमको अच्छा नहीं लगता...।'

मुझे लगा था कि मेरे बाप के चेहरे पर इस समय एक अजीब-सी ख़ामोशी है। यह आदमी इस तरह के सवालों को अब बेकार समझने लगा है। इधर उधर देखते हुए उन्होंने कहा, 'बड़ा कहाँ गया ?...अब तो यह सब ऐसे ही चलेगा...।'

हम लोग कुछ दूर तक और साथ-साथ चले थे। काफ़ी देर बाद उन्होंने फिर कहा था, 'यह कहाँ चला गया है ?...अब तो यहै है कि तुम लोग कमाने-धमाने लगो...तौ कुछ कीन जाए। हमसे अब कुछ होय-जाय वाला नहीं है। रोटी-दाल चलै...यहै गनीमत है।...सरीर सिथिल हो रहा है...।'

उस समय मैं कहना चाहता था कि मैं हूँ...हम हैं...सब ठीक हो जाएगा। यह सब सिर्फ़ थोड़े दिनों की बात है। सारे दुःख दूर हो जाएँगे। तुम बिल्कुल

चिंता न करो।...लेकिन यह सब कहा नहीं गया। हम सिर्फ़ चुपचाप चलते रहे। रास्तों के चिराग़ जलते रहे और आख़िरी सिरा आ गया। रुककर उन्होंने कहा, 'अब तुम लउट जाओ। हम हियाँ से चले जाएँगे...।'

मैंने हठ करने की कोशिश की।-'हम भी चलैं टेसन...।'

मुझे मालूम था...यह नहीं हो सकता। उस आदमी ने कहा, 'नहीं। हठ न करौ। टेसन बहुत दूर है...।'

लेकिन मैं चुपचाप उसी तरह खड़ा रहा।

जैसे कुछ समझकर उस आदमी ने कहा, 'देखो...जो ईस्वर चाहेगा तो अबकी जल्दी लउटेंगे। चार-छ: महीने में ही लउट आवेंगे...।'

इसके बाद हम लोग काफ़ी देर तक चुपचाप खड़े रहे थे। सड़क का चिराग़ उसी तरह जल रहा था। इसके बाद उस आदमी ने कहा था, 'जाओ बेटा !...खूब मन लगा के पढ़ो।...बड़ों का कहना मानो...।'

इसके बाद हम दो अलग-अलग रास्तों पर चले गए थे। ऐसा एक बार नहीं हुआ था। बार-बार हुआ था। हम लोग हमेशा इसी तरह अलग-अलग रास्तों पर चलते रहे। चार-छह महीनों में चक्कर कभी नहीं लगा। हमेशा डेढ़ साल या दो साल। इससे ज़्यादा ईश्वर ने कभी नहीं चाहा। सिर्फ़ ख़त आते रहे और जाते रहे।...यहाँ सब राज़ी ख़ुशी है...आपकी कुशलता ईश्वर से नेक चाहते हैं।...फिर ये ख़त अपने आप कम होते चले गए। हम यों ही वक़्त के पेड़ों के पास से गुज़रते चले गए। अचानक कभी कोई हादसा हो जाता है। एक पुराने घर में एक अजनबी लौट आता है। हम ख़ुश हो जाते हैं। वह अजनबी लौट जाता है। फिर और एक लम्बा समय गुज़र जाता है।...

वहाँ सामने एक लाल रोशनी है। एक लालटेन और पास में जलती हुई आग। मेरे साथ दोनों तरफ़ चल रहे हैं खेत। मैं कितनी दूर निकल आया हूँ...मुझे मालूम नहीं। शायद एक मील पीछे छूट चुका है। यह लाल रोशनी क्यों है ? रास्ता बन रहा है। अब अँधेरे में तस्वीरें साफ़ होती जाती हैं। गिट्टियों के ढेर के पास कोलतार के ड्रम रखे हुए हैं। पास ही एक स्टीम रोलर खड़ा है। आग के गिर्द मज़दूर बैठे हैं। पेड़ के नीचे मज़दूर सोये हैं। सरदी अब और ज़्यादा है। नींद नहीं आती है। मेरे जूतों की आवाज़ दूर तक

गूँजती जाती है। आग पर से सिर उठाकर देख रहे हैं। पिघले हुए कोलतार के पास...सिर्फ़ एक कपड़ा...आधा कमर के ऊपर...आधा कमर के नीचे। सारा जिस्म सरदी में ठिठुरा हुआ। ताज्जुब है...एक गुज़रते हुए आदमी के लिए।

'राम राम। कहाँ जात हौ ? तनिक तपाय लेव !'

मेरे पास समय नहीं है। मैं चिल्लाकर कहता हूँ, 'सुमौली...।' और आगे निकल जाता हूँ।

पेड़ों पर बनी सफ़ेद पट्टियाँ चमक कर पीछे छूटती जा रही हैं। नंबर पढ़े नहीं जाते। लाल रोशनी के पास आग पीछे छूट गयी। सिर्फ़ आवाज़ सुनाई दे रही है...अपने क़दमों की। ख़याल अब भी गुज़रते जा रहे हैं।...वक़्त ख़त्म हो गया है। आया हुआ अजनबी वापस लौट जाना चाहता है। लेकिन बीमार है...बुख़ार तेज़ है और पैर काँप रहे हैं।

कोई कह रहा है -'नहीं...इस हालत में तुम नहीं जा सकते...।'

लेकिन यह अजनबी...हमारा बाप...चिड़चिड़ा गया है।...'चुप रहो ! अपनी सलाह अपने पास रखो।'...कराहता है। पुरानी दरी और रस्सी का टुकड़ा। धीरे-धीरे बाँधना शुरू कर देता है बिस्तर...एक और सफ़र के लिए। नहीं रुक सकता। हम धीरे-धीरे मदद करते हैं। क्यों रुकना नहीं चाहता यह आदमी ? बहुत ज़रूरी है काम पर पहुँचना ? या सब बराबर है...सब एक सा है। कहीं कोई फ़र्क़ नहीं...कहीं कोई दिलचस्पी नहीं। पुराने कपड़े...मैले कुरते...धोतियाँ...तमाखू...चुनौटी...सब बँधते चले जाते हैं एक में। थक कर वहीं बैठ जाता है। आँखें बंद। हम देख रहे हैं...चुप। कुछ कर नहीं सकते।

अचानक आँखें खोल देता है।...'भाई ...भाई !'

हमें नहीं मालूम...वह किसे आवाज़ दे रहा है।

मैं पूछता हूँ...'कउन ? कउन चाहिए ?'

मेरा बाप एक लम्बी साँस लेता है।...'तुम्हारा भाई...बड़ा...बड़कू...कहाँ गया ?'

हमें नहीं मालूम। बड़े भाई का कोई पता नहीं है। झल्लाकर मेरा बाप कहता है 'नालायक !.. बहुत नालायक है। जब हम जाते हैं...तो कहूँ निकल

जाता है ! खैर जइसी मरजी !'

सफ़र फिर शुरू हो जाता है। मुझे इस सफ़र का कोई किनारा दिखाई नहीं देता है। सफ़र के बाद फिर सफ़र...फिर और सफ़र।...

पेड़ों के झुरमुट के उस पार कहीं एक धीमी सी रोशनी दिखाई देती है। एक तुतूहरी बज रही है...एक नगाड़ा पीटा जा रहा है। किसी गाँव में शायद कोई शादी हो रही है। अचानक मैं बहुत थकान महसूस करता हूँ। इस समय पीछे कहीं कोई रोशनी आती हुई दिखाई देती है। एक आवाज़ आ रही है। शायद कोई गाड़ी है। इधर आ रही है...या कहीं और जा रही है। मैं फिर महसूस करता हूँ कि हम मौत के साथ दौड़ रहे हैं और पहले पहुँचना चाहते हैं...और यह भी जानते हैं कि पहुँचने और न पहुँचने के बीच कोई ख़ास फ़र्क़ नहीं है। जो कुछ हो रहा है...इसके अलावा कुछ नहीं हो सकता था। हम सब जानते थे और इसी होने के लिए ठहरे हुए थे।...

लेकिन रोशनी फिर खो गयी। गाड़ी शायद कहीं और चली गयी। मैं महसूस करता हूँ कि मैं बिल्कुल अकेला छूट गया हूँ। सिर्फ़ कुछ घने पेड़ हैं जो अँधेरे में मेरे साथ-साथ चल रहे हैं और दूर के गाँव से बाजों की हलकी सी आवाज़ आ रही है। मैं चलते-चलते फिर उस समय के बारे में सोचने लगता हूँ जो काफ़ी पीछे छूट गया है।...

वहाँ कच्चे गलियारों में कुत्ते भोंक रहे हैं। आधी रात का अँधेरा फैला हुआ है। रह-रह कर कोई उन कुत्तों को डाँट रहा है, लेकिन कुत्ते चुप नहीं होते। हलकी-हलकी आवाज़ें तेज़ होती जाती हैं। बाहर कोई पुकार रहा है। कोई जवाब दे रहा है। डाकिया आया है...डेढ़ कोस से। साइकिल की घंटी बजा रहा है। कौन है घर में ? उठो ! तार आया है।

एक हड़बड़ाहट फैल गयी है। चौपालों में सोये लोग जाग गए हैं। तार का आना एक अनहोनी बात है। लोग पूछ रहे हैं। कहाँ का तार ? कौन भेजा है ? क्या नाम बताया है ?

इस समय हम सब लोग जाग गये हैं। यह हमारा तार है। बहुत दूर से आया है। भेजने वाले का नाम लिखा है। हम लोग नहीं जानते कि किसका नाम है। हम लोग अपने बाप का नाम जानते हैं। लिखा है कि बहुत बीमार

हैं। फ़ौरन आओ। डाकिया पढ़ रहा है। हम लोग सुन रहे हैं। बड़ा भाई उलटे-सीधे दस्तख़त बनाता है। डाकिया लौट जाता है।

अब हम सब लोग परेशान हैं। हमारी माँ छटपटा रही है, सबसे पूछ रही है, क्या किया जाए ? सब लोग अपनी अपनी सलाहें दे रहे हैं। ग़रीबत का टैम है। कुछ न कुछ करना ही पड़ेगा। किसी न किसी को जाना ही पड़ेगा। बड़ा भाई नहीं जाएगा। एक सफ़र है...जो मुझे शुरू करना होगा। सब लोगों की एक ही राय है।

मैंने चलना शुरू कर दिया है। यह रास्ता इसी तरह तय करना होगा। रात के समय कच्चे रास्तों पर पैदल चलना होगा। इसके बाद पक्की सड़क आ जाएगी। इसके बाद बस मिलेगी। इसके बाद क़स्बा आ जाएगा। इसके बाद स्टेशन आ जाएगा। भीड़ भरी गाड़ियों में किसी तरह घुसकर हम अपने सफ़र को जारी रखेंगे। हमारे पास सिर्फ़ एक पोटली होगी। इस पोटली में होगा हमारी गुज़री हुई ज़िंदगी का दर्द। हम उसे अपने जिस्म से सटा लेंगे और भीड़ भरी गाड़ियों में सफ़र करते रहेंगे।...

इस समय कोई और उजाला दिखाई देता है। मुझे लगता है कि शायद यही गाड़ी है जो मुझे ले जाएगी। मैं सड़क पर ठहर जाता हूँ और गाड़ी का इंतज़ार करता हूँ। लेकिन अचानक बत्तियाँ बुझ जाती हैं और मैं इंतज़ार करते-करते थक जाता हूँ। बहुत देर तक अँधेरे में रोशनी की तलाश करता हूँ। इसके बाद चल पड़ना फिर ज़रूरी हो जाता है।...

गाड़ी पहुँच जाती है। स्टील प्लांट कुछ दूरी पर है।...लेकिन इससे क्या होगा ? स्टील प्लांट तक पहुँचा जा सकता है। पर एक खोये हुए आदमी का पता नहीं लगाया जा सकता।...पुराना स्टेशन अब बहुत छोटा है। नया स्टेशन बनाया जाएगा ? ...सारे इलाक़े में तूफ़ान आ गया है। कोने-कोने से भाग कर लोग आ गए हैं। काम मिलता है...पैसा मिलता है।...धंधा रोज़गार फूलता-फलता है। भीड़ बढ़ती जा रही है।...गाड़ी नहीं है। बस नहीं है। आने जाने वाले बहुत हैं। कुछ लोग टेम्पो चलाने लगे हैं। ठूस-ठास कर सवारियाँ

भर रहे हैं। आवाज़ लगा रहे हैं...सेक्टर तीन...सेक्टर तीन ...सेक्टर तीन !...सेक्टर पाँच...सेक्टर पाँच...सेक्टर पाँच !...आओ आओ !...कहाँ जाओगे ?

लेकिन मुझे नहीं मालूम...कहाँ जाना है ?...कोई पता ठिकाना नहीं है। चिट्ठियों में बस इतना लिखा रहता था...केयर ऑफ़ शर्मा होटल...आज़ाद बस्ती। मैं पूछता हूँ...आज़ाद बस्ती कहाँ है ? लोग एक दूसरे की तरफ़ देखते हैं । एक दूसरे से पूछते हैं।...कहाँ है आज़ाद बस्ती ?...किसी को नहीं मालूम। अपने-अपने अंदाज़ लगाते हैं लोग। कोई कहता है सेक्टर दो में है...कोई कहता है ब्लास्ट फ़रनास के आसपास है। टेम्पो वाले की समझ में नहीं आ रहा है। हो सकता है...रेलवे लाइन के किनारे कहीं हो।...टाइम नहीं है। सवारियाँ भर कर चला जाता है। फिर दूसरा टेम्पो चला जाता है। तीसरा भी जा रहा है। कुछ और हैं। सवारियाँ लेकर आ रहे हैं।...यहाँ वहाँ...हर जगह पूछता हूँ...आज़ाद बस्ती कहाँ है ? किसी को मालूम नहीं। किसी ने नाम नहीं सुना। पानवाला मोची से पूछ रहा है। मोची ख़ोंचे वाले से पूछता है। खोंचे वाला ताँगे वाले की तरफ़ आवाज़ देता है।...यह आज़ाद बस्ती कहाँ पड़ती है काका ? ताँगावाला हाथ हिलाकर इशारा कर रहा है...मालूम नहीं।...कोई राह चलने वाला अचानक ठहर जाता है। ख़ोंचे वाले से पूछता है...क्या कहा ?...आज़ाद बस्ती ?...ख़ोंचे वाला हामी भरता है...हाँ...आज़ाद बस्ती !...ये लड़का खड़ा है...पोटली ले के। इसको जाना है।...राह वाला समझाता है। कोकोवान से आगे जा के डेढ़-दो मील पर झोंपड़े बने हैं।...लोग आते-जाते हैं...झोंपड़े बना-बना के रहते जाते हैं। उसी को वे लोग आज़ाद बस्ती बोलते हैं। वहाँ जा के पता करो। वही आज़ाद बस्ती है। और कोई आज़ाद बस्ती नहीं है।...अब बाक़ी लोग भी मान गये हैं।...हाँ-हाँ ? और कोई आज़ाद बस्ती नहीं है। दूर-दूर से आये हुए आदमी वहीं डेरा डाल रहे हैं। पहले ख़ाली मैदान था। अब गाँव जैसा बन गया है।...तुम ऐसा करो...यहाँ से टेम्पो ले के सेक्टर तीन चले जाओ। वहाँ से कोकोवान जाना। आगे थोड़ा चल लेना। पूछ लेना किसी से !

टेम्पोवाला लगातार आवाज़ दे रहा है...सेक्टर पाँच...सेक्टर पाँच...सेक्टर

पाँच।...मोची चिल्ला कर बोलता है...हाँ-हाँ...इसी में बैठ जाओ न...तीन सेक्टर होके जाएगा।...मैं लपक कर टेम्पो में घुस जाता हूँ। ठसाठस भरा है। फिर भी और सवारियाँ ले रहा है। घुटन हो रही है। लेकिन सब लोग ख़ामोश हैं। या बीच-बीच आपस में कुछ बोल लेते हैं। उड़िया हैं...बिहारी हैं...केरल मद्रास वाले हैं...लेकिन ज़्यादा छत्तीसगढ़ी हैं।...टेम्पो चलता है। बाहर कुछ दिखाई नहीं देता। टेम्पो वाला आवाज़ लगाता जाता है। लोग उतरते जाते हैं...चढ़ते जाते हैं। मेरी कुछ समझ में नहीं आता कि कहाँ हूँ। किसी से पूछता हूँ। कोई बताता है। सेक्टर तीन दो स्टॉप छोड़कर तीसरा है।...भीड़ में धीरे-धीरे जगह बनाता दरवाज़े की तरफ़ बढ़ता हूँ। कपड़ों के बंडल को कंधे पर रखना ज़रूरी है...। तीसरे स्टॉप पर आवाज़ आती है...सेक्टर तीन !...सेक्टर तीन ! भीड़ अपने आप ठेलकर बाहर फेंक देती है।...

...पीछे कुछ दूरी पर बहुत बड़ा गोल सा जो बना है...वही शायद कोकोवान है। बहुत ऊँचाई है।...बहुत चौड़ाई है। एक बहुत बड़ा 'मौत का कुआँ' है। लोहे की छड़ों की सीढ़ियाँ हैं...ऊपर आख़िरी सिरे तक ले जाती हैं। वहाँ शायद बहुत सी आग है जिसमें बहुत सा लोहा पिघल कर लावा बन रहा है। मगर अभी शायद काम शुरू नहीं हुआ है।...

लेकिन दूसरी तरफ़ बस्ती है...जहाँ के लिए मैं रवाना हुआ हूँ। कुछ चलते ही झोंपड़े शुरू हो जाते हैं...झोंपड़े जो अभी-अभी बने हैं। दीवारें नहीं हैं। टाट के परदे लटके हुए हैं...एक घर को दूसरे घर से अलग करते हैं। टाट के परदे दीवारें हैं...टाट के परदे दरवाज़े हैं। छतें भी टाट के कपड़ों की हैं। ज़मीन खोद दी गई है। यहीं गंदा पानी बह रहा है। ये नालियाँ हैं...पतली पतली।...परदों के दरवाज़ों के सामने से बह रही है।...जूठन...मैला...सब कुछ इसमें बह रहा है। बच्चे खेल रहे हैं। या गंदगी कर रहे हैं। सब कुछ इन्हीं नालियों में है। टाट के परदों के सामने गुज़रने की जगह है। एक आदमी गुज़र सकता है। ये ही गलियाँ हैं। गलियाँ और नालियाँ एक साथ गुज़र रही हैं। यहीं है सारी दुनिया...सारा मुल्क। मद्रास...और केरल...और कर्नाटक...और पंजाब...यू.पी...बिहार...उड़ीसा...बंगाल। सारी दुनिया उमड़ पड़ी है। जहाँ

स्टील प्लांट बन रहा है...वहीं है काम...रोज़गार...पैसा। लोग भाग कर यहाँ पहुँच गये हैं। छोटी-छोटी दुकानें खुल गयी हैं...टाट के परदों से बनी दुकानें। साग-सब्ज़ी...पान-बीड़ी...चाय-बिस्कुट।...यहीं कहीं है शर्मा होटल।...हर जगह पूछ रहा हूँ...कहाँ है शर्मा होटल ? कहाँ है हमारा आदमी...हमारा बाप...जिसके छोटे-छोटे मनी-ऑर्डरों पर हम पलते रहे हैं। लेकिन अब थक गया है। थक कर गिर गया है। बीमार पड़ा है। अपनों से दूर...पराये देस में पराये लोगों के बीच...कहीं पड़ा हुआ है। कराह रहा है।...लेकिन आवाज़ निकल नहीं रही है। या निकल रही है...और कोई सुन नहीं रहा है। हम लेने आये हैं। ले जाएँगे वहाँ जहाँ एक और पराया देस है। अपने लोग जा चुके हैं। कराहता रहेगा। वहाँ भी उसकी आवाज़ कोई नहीं सुनेगा।...नहीं। अभी वह मरा नहीं है...क्योंकि मौत भी चेतावनी देती है...आगाह करती है। आती है...फिर चली जाती है। इसके बाद आती है...साथ ले जाती है। कहाँ है शर्मा होटल ?...सब लोग बता रहे हैं।...वहाँ आगे कोने में टाट के परदों की दीवारें हैं...दरवाज़े हैं। वही शर्मा होटल है ? वहीं खाना मिलता है...सुबह शाम ? रोटी...दाल...चावल...तरकारी। वहीं जहाँ...नालियों में मैला बहता रहता है...लोग बेंचों पर खाना खाते रहते हैं...पानी पीते रहते हैं।...इलाक़े में हैज़ा फैल गया है। कई मौतें हो गयी हैं और कुछ लोग बिस्तरों पर पड़े गंदगी फैला रहे हैं...अपनी बारी का इंतज़ार कर रहे हैं।...अस्पताल यहाँ कोई नहीं है। वहाँ है जहाँ साफ़-सुथरी बस्ती है। बाहर से आये हुए गोरे लोग वहाँ रहते हैं। उनके बँगले हैं...क्लब हैं...होटल हैं। वहीं है अस्पताल। सब कुछ अभी-अभी बना है।

लेकिन मुझे डर लगता है।...क्या यह आदमी भी हैज़े की मौत मर गया है ? या मर रहा है ? कौन बताएगा ?...शर्मा होटल का मालिक...राधेश्याम शर्मा...राजस्थान से आया है।...कौन ?...नहीं...यहाँ रहता कोई नहीं है। लोग खाना खाते हैं...अपनी चिट्ठी-पत्री यहाँ के पते पर मँगाते हैं...क्योंकि उनका अपना कोई पता नहीं होता। न घर होता है...न घर का नंबर...न बस्ती...न सड़क-गली का कोई नाम।...कौन कहाँ रहता है...मालूम नहीं। लोग खाने आते हैं...अपनी चिट्ठी-पत्री ले जाते हैं।...क्या नाम है आदमी

का ? ठाकुर है !...रामाधार !...रामा धार सिंह !...हाँ हाँ...बीच-बीच में आता था...रोटी खाने। अपनी चिट्ठी-पत्री भी ले जाता था। लेकिन इधर कई दिनों से नहीं आया। कहाँ रहता है...मालूम नहीं। उसका एक साथीदार भी आता था...हिंदुस्तान कंपनी का वॉचमैन ? उससे पूछो !

हिन्दुस्तान कंपनी का वॉचमैन कुछ याद करता है। हाँ ! हिन्दुस्तान कंपनी में था, लेकिन बाद में नौकरी छूट गयी थी। कंस्ट्रक्शन डिवीज़न में टेम्परवारी लग गया था। वहाँ पूछो।

मैं हर जगह से गुज़रता जाता हूँ। शेड और इमारतें। प्राइवेट कंपनियाँ और सरकारी दफ़्तर। ट्रक जा रहे हैं। क्रेन उठ रहे हैं। बुलडोज़र गुज़र रहे हैं। कंस्ट्रक्शन डिवीज़न के मिस्त्री के चेहरे पर परेशानी के निशान हैं। किसी मशीन की तेज़ आवाज़ के बीच कहता है, 'यहाँ ऐसा ही है। रहने का कोई ठिकाना नहीं। एक रात यहाँ सोओ तो दूसरी रात वहाँ।'

एक और मिस्त्री कहता है, 'वही...ठाकुर ? बहुत दिन हो गया...देखा नहीं उसको। कोई बताता था कि उधर नयी भरती हो रही थी...इंडिया कॉरपोरेशन में। उधर गया था...।'

टेम्पो और लॉरियाँ। गुज़र रही हैं। इंडिया कॉरपोरेशन का वॉचमैन चिल्लाकर कहता है, 'हाँ हाँ ! हम जानते हैं ठाकुर को। घंटा भर ठहर जाओ। हमारी ड्यूटी ख़तम हो जाएगी तो हम तुमको ले चलेंगे। हम भी वही जगह रहते हैं।'...

अब फिर एक रोशनी आ रही है...एक आवाज़ गूँज रही है। दो बत्तियाँ चमक रही हैं और पेड़ों के साये हिल रहे हैं। एक आँख-मिचौली चल रही है। गाड़ी लगातार पास आती जा रही है। मैं दूर से ही हाथ हिलाना शुरू कर देता हूँ। रोशनी पास आ जाती है और आगे गुज़र जाती है। एक ट्रक था जो आगे निकल गया है। रोशनी फिर दूर चली गई है। अब फिर अँधेरा और ख़ामोशी...और दूर तक पेड़ों की क़तार। दूर नगाड़े की आवाज़ भी बंद हो गई है। सारे गाँव पीछे छूट गए हैं। अँधेरे में छिपे हुए पेड़ों के झुरमुट बाक़ी हैं। सर्द हवा के झोंके तेज़ हो जाते हैं। वक्त का सवाल अब भी सामने है।

एक बार देख लें मरने वाले को। पैरों पर हाथ रखकर एक बार माफ़ी माँग लें। कह दें कि हमारा कोई प्रायश्चित नहीं है, लेकिन फिर भी माफ़ कर दो। क्योंकि बाक़ी ज़िंदगी के लिए हमें कुछ चाहिए। हमारा सब कुछ झूठ था। जिनका सब कुछ बीच में छूट जाता है, उनका सब कुछ झूठ होता है। क्योंकि सच के आने से पहले ही सब ख़त्म हो जाता है। और सच कभी नहीं आता। हम जो करना चाहते थे...कर नहीं सके। जहाँ खड़े कर दिए गए थे...वहीं खड़े रहे। आगे नहीं बढ़ सके। इसलिए हमारे सब रूप ग़लत थे। जो सच थे...कहीं और रह गए...।

मैं फिर तेज़ चलना शुरू कर देता हूँ। साथ-साथ चलने लगती है एक और दुनिया।...

कारख़ाने की भट्ठियों और चिमनियों से दूर यह ख़ाली गाँवों की एक दुनिया है। जब हुक्म हुआ था कि कारख़ाना बनेगा...बहुत से गाँव ख़ाली करा लिए गए थे। मैं बूढ़े वॉचमैन के पीछे चलता जाता हूँ। ख़ाली किए गए गाँव गुज़रते चले जाते हैं। ख़ाली गलियारे और ख़ाली चौपालें...झोंपड़े...कच्ची दीवारें। हर जगह उन लोगों के निशान हैं जो सदियों से यहाँ थे, लेकिन अब चले गए हैं। कच्ची दीवारों पर जले हुए चूल्हों की कालिख अब भी लगी है। यह कालिख टिनों और टूटे हुए खपरैलों तक पहुँच गई है। लोग चले गए थे, लेकिन कच्ची ज़मीन से गोबर की गंध अब भी उठ रही थी। गलियारों की धूल चारों तरफ़ फैल गई थी। फटे टाट और बोरे अब भी कहीं-कहीं लटके थे। वॉचमैन चलता जाता है और बोलता जाता है।...'हमारा नाम बाबूसिंह है। वहाँ रहने की जगह नहीं मिलती...तो हम दो-चार जनों ने हियाँ डेरा जमा दिया है। जब निकालेंगे तो कहीं और चले जाएँगे...।'

एक कच्चे झोंपड़े के छोटे से दरवाज़े से हम लोग अन्दर पहुँच जाते हैं। वहाँ चारों तरफ़ अँधेरा है। कच्ची ज़मीन पर एक दरी पड़ी है। एक मैला कंबल ओढ़े पड़ा हुआ है हमारा बाप। होश में नहीं है। मैं चारों तरफ निगाह डालता हूँ। ईंटों का एक चूल्हा...जिसमें कालिख लगी है। अलमुनियम की पतीली...तवा...चिमटा...थाली...गिलास...और एक पुरानी पेटी। बाबूसिंह

आवाज़ देता है, 'ठाकुर !...ठाकुर !...देखो...तुम्हारे घर से आए हैं।...ठाकुर...।'

बेहोशी की हालत में भी बीमार आदमी कुछ सुन लेता है। कंबल हटा कर इधर-उधर देखता है...। अँधेरे में किसी को पहचानने की कोशिश करता है...लेकिन पहचान नहीं पाता। मैं देख रहा हूँ कि दो साल में ही आदमी कितना बदल गया। अब बहुत सी झुर्रियाँ उभर आई हैं। सब कुछ बदला हुआ मालूम होता है। बाबूसिंह तमाम कैफ़ियत बता रहा है। सवेरे के टाइम ड्यूटी जाने से पहले बाँके देख जाता है। शाम को हम दो-तीन जने देख जाते हैं। एक दिन हालत बहुत ख़राब हो गई थी। डर लग रहा था कि कहीं कुछ उलटा-सीधा न हो जाए। सब लोगों ने मिल के विचार किया। पेटी में से ढूँढ़ के पता निकाला और तार किया। सेक्टर तीन का अस्पताल यहाँ से नज़दीक है। वहाँ ले जा के दिखाया था। डॉक्टर भरती नहीं किया। पूरा अस्पताल महामारी के मरीज़ों से भरा है। एक छोकरा है...रोज़ जाके दवाई ले आता है। मगर असर कुछ नहीं है। बस भगवान् का भरोसा है। यहाँ परदेस में और कोई तो है नहीं...बस एक दूसरे का सहारा है...।

लेकिन मैं बहुत परेशान नहीं हूँ। सब कुछ ज़रूर ठीक हो जाएगा। हम लोग एक बेहतर ज़िंदगी ज़रूर पा लेंगे। हमें सब कुछ ज़रूर मिल जाएगा। तब थके-हारे और बूढ़े लोग आराम की ज़िंदगी ज़रूर बिता सकेंगे। मैं लड़ रहा हूँ। वे दिन ज़रूर आएँगे।...

इस समय अँधेरे में अचानक रोशनी चमक उठती है और पेड़ों के साये हिलने लगते हैं। रात के सन्नाटे को तोड़कर एक गाड़ी चली आ रही है। शायद नहीं रुकेगी। फिर भी मैं हाथ उठा देता हूँ। तेज़ रोशनी में मेरा उठा हुआ हाथ चमकता रहता है। लेकिन गाड़ी आगे जाती नहीं,पास आकर खड़ी हो जाती है। रोशनी के पीछे अँधेरे में एक ट्रक दिखाई देता है। मैं पाँवदान पर खड़े होकर अन्दर झाँकता हूँ। शराब की बदबू का एक तेज़ झोंका मेरी साँसों में भर जाता है। ड्राइवर के साथ एक छोकरा बैठा हुआ है। इंजन की तेज़ आवाज़ के बीच मैं चिल्लाकर पूछता हूँ, 'कहाँ जा रही है गाड़ी ?'

'कहाँ जाओगे ?' क्लीनर पूछता है।

'सुमौली...नौबतसिंह वाली...।'

क्लीनर दरवाज़ा खोल देता है। जब मैं अन्दर बैठ जाता हूँ तो शराब की तेज़ बू से साँस लेने में दिक़्क़त होने लगती है। सामने दूर तक उजाला है, लेकिन ट्रक के अन्दर बिल्कुल अँधेरा है। मैं उन चेहरों को देख नहीं पाता। जब ट्रक चलने लगता है तो मुझे लगता है कि ड्राइवर गाड़ी को सम्हाल नहीं पा रहा है, लेकिन हम तीनों ख़ामोश बैठे रहते हैं। और मैं सामने देखने लगता हूँ...मेरे आसपास साये से गुज़रते चले जा रहे हैं।...

...मैं दिन भर बैठा रहता हूँ और रात वहीं जमीन पर सो जाता हूँ। बीमार आदमी

रात भर कराहता रहता है। दिन भर मेहनत करने वाले लोग रात गहरी नींद सोये रहते हैं। मैं बार-बार उठकर पूछता हूँ, 'बाबा।...बाबा ! कुछ चाहिए। पानी पिओगे ?'

वहाँ अँधेरे में एक कुप्पी जलती जाती है। लेकिन बीमार आदमी को मालूम नहीं कि वह कहाँ है। एक बेहोशी है। अँधेरे में किसी को पहचान कर कहता है, 'कउन ? दुलारे ?...आ गए भैया ?...अबकी साथ चलेंगे। बहुत दिन...हो गए...देखा नहीं सबको...।'

मैं चुपचाप बैठा रहता हूँ। फिर एक दर्द सा होता है। एक आवाज़ फैल जाती है चारों तरफ़। मैं कहता हूँ, 'बाबा ! बाबा ! कहाँ दुखता है ? हियाँ ? हियाँ ?'

लेकिन चारों तरफ़ सन्नाटा छाया रहता है। फिर एक आवाज़ आती है, 'कुच्छ नहीं...।'

मुझे लगता है कि गए हुए लोगों के साये अब भी घूम रहे हैं। इस ख़ाली गाँव की पीढ़ियाँ अब भी यहीं कहीं है। इन मटमैली दीवारों के पीछे से अब भी कोई झाँक रहा है।...या कोई गुज़र रहा है...या कोई इशारे कर रहा है। मैं डर जाता हूँ और उन चीज़ों की तरफ़ देखता हूँ जो बिल्कुल बेजान हैं। बुझा हुआ चूल्हा...मैली पतीली...कालिख लगी हुई दीवार...दीवार पर बँधी हुई रस्सी...रस्सी पर लटके हुए मैले कपड़े। मुझे लगता है कि इनमें भी जान है। शायद ये भी कोई इशारे कर रहे हैं।...

...स्टीयरिंग बेक़ाबू हो रहा है। ट्रक कभी दाहिनी तरफ़ पेड़ों से टकराने जाता है, कभी बायीं तरफ़। क्लीनर कहता है, 'मामा ! गाड़ी बेकाबू होत है। तनिक आराम करो।'

ड्राइवर माँ की गाली देता है। चिल्लाकर कहता है, 'आराम नहीं करेंगे हम। दुई रात नहीं सोये हैं। दुई रात अउर नहीं सोएँगे। रेता लोड करेंगे। सबेरे फिर लउटेंगे। बनवारी ! साले तुम हमको समझा का है ?'

एक ख़ामोशी। फिर मुझसे पूछता है, 'कहाँ जाओगे मास्टर ?'

मैं बताता हूँ।

कहता है, 'यूतो हमको भी मालूम है कि सुमौली जाओगे। मुला जाओगे किहके हियाँ ?'

मैं कोई एक नाम बता देता हूँ।

'सुमौली में हमार एक वाकिफ रहता रहा...कड़ेदीन। मर गवा साला।...अउर देख लेना ...एक दिन सब साले मर जाएँगे। कोऊ नहीं बचेगा। तब हमारा कहा याद करना। क्या बे बनवारी... ?'...

...बाबू सिंह सामने खड़ा है। बीमार की हालत बिगड़ती जा रही है। बाबूसिंह ने अपने इंजीनियर साहब से कहा है ? कोकोवान और ब्लास्ट फ़रनास से काफ़ी दूर उस पार गोरे लोगों के बँगले हैं। वहाँ एक बढ़िया बाज़ार है, क्लब है, तैरने का तालाब है, एक छह मंज़िला होटल है जहाँ छठी मंज़िल तक मोटर ले जा सकते हैं। इंजीनियर साहब बड़े मेहरबान हैं। गोरों के डॉक्टर साहब आएँगे और देख जाएँगे। उनकी दवाई से ज़रूर फ़ायदा होगा। पैसे ख़तम हो गये हैं। मगर कोई बात नहीं। ठाकुर जहाँ वाचमैन है, वहाँ से कुछ एडवांस मिल जाएगा।...मैं ख़ाली गाँव के गलियारों में निकल जाता हूँ। कुछ और मज़दूरों और क़ुलियों ने वहाँ डेरा जमा लिया है। दूर पर रेल की पटरी है। पटरी के उस पार कुछ पक्के मकान हैं। एक ख़ाली मैदान है जिस पर एक छोटा बाज़ार लगता है। बड़ी रात गये तक कुप्पियों की रोशनी में बासी तरकारियाँ, मछलियाँ, डबलरोटियाँ बिकती रहती हैं। नशे में धुत् मज़दूर यहाँ-वहाँ लुढ़के पड़े रहते हैं। वहीं से दूर पर फ़ौलाद कारख़ाने की रोशनियाँ दिखाई देती हैं। मेरे कानों में इस समय कोई कहता है, 'अब हम यहाँ पहुँच गये हैं। ईश्वर ने चाहा तो सब ठीक हो जाएगा। फ़क़त।'

लेकिन दर्द फिर भी कम नहीं हुआ। कई साल इसी तरह गुज़र गये। हम चिट्ठियों में पढ़ते रहे...फ़क़त...ईश्वर से नेक चाहते हैं...बाक़ी सब कुशल है...। और तब एक दिन एक तार आ पहुँचता है और हम अपना सफ़र शुरू कर देते हैं। यह सफ़र कहाँ खत्म होगा ? ज़िन्दगी और आगे चलेगी या यही उसका फ़क़त होगा ? इस ख़्याल से मैं बेचैन हो जाता हूँ।...

...इस समय गाड़ी बाएँ टकराने जा रही थी। बनवारी ऊँघ रहा था। पता नहीं कहाँ से एक नदी साथ-साथ चलने लगी थी। कहीं-कहीं उसका पानी चमक जाता था। मुझे याद आ गया...यह वही नदी थी जो अक्सर सूख जाती थी। मैं इतने दिन इसे भूला क्यों रहा ? कुछ...चिराग़ दिखाई दे रहे थे। ड्राइवर कह रहा था, 'सो गवा रे ?'

'नाहीं। जागत हौं !'

'यह कउन गाँव है रे ?'

क्लीनर आँखें मलता है।...'गाँव नहीं है मामा ! रमजा बाबा का थान है !'

'रमजा बाबा का थान ?...अद्धा-पौवा कुछ मिलैगा ?'

क्लीनर बड़बड़ाता है। 'गाड़ी तो सम्हलती नहीं। अऊर चढ़ाओगे तो रेता लोड करके सबेरे लउटोगे कइसे ?'

लेकिन ड्राइवर ट्रक रोक देता है और इंजन बंद कर देता है ! चारों तरफ़ ख़ामोशी है। ड्राइवर कहता है, 'बनवारी !'

बनवारी चुप है।

'जा देख...मिलै तो एक अद्धा लै आ !'

बनवारी उतर जाता है। मुझे सरदी लग रही है। ड्राइवर कहता है, 'तुम्हारे गाँव का रामबरन है कि चला गया ?'

'कई साल में आया हूँ। मालूम नहीं, है कि चला गया...।'

ड्राइवर बड़बड़ाता है।...'राधेलाल...परमेस्वरीदीन...सीताराम...सब चले गये।...एक हम रह गये हैं। यू साला ठेकेदार नहीं होता...तो हम भी चले जाते...।'

वहाँ कुछ चिराग़ टिमटिमा रहे थे। कुछ झोंपड़े थे और शायद एक मूर्ति थी।...या समाधि थी। यह ठिकाना पहले नहीं था। मालूम नहीं, कब बन गया और कब लोगों ने चिराग़ जलाने शुरू कर दिए। बनवारी अँधेरे में किसी को आवाज़ दे रहा था। अचानक मैं पूछता हूँ, 'सब लोग कहाँ चले गए ?'

'जिसको जहाँ रास्ता मिला...चला गया। कोई बम्बई चला गया तो कोई कलकत्ता। जो नहीं गए हैं...ऊ भी चले जाएँगे। हियाँ कउन तो रहेगा अउर

अपनी मइया...। न काम न धंधा। खेती बारी में कुछ धरा नहीं है। जब देखो, ससुर सूखा पड़ता रहता है...यू साला ठेकेदार...।'

इस समय कुछ कुत्ते भोंकना शुरू कर देते हैं। दड़बों में बंद मुरग़ियाँ फड़फड़ाने लगती हैं। लेकिन पत्थरों से बँधे गधे उसी तरह ऊँघते रहते हैं।...मैं अंदाज़ लगाता हूँ...। शायद कंजड़ों का डेरा है। कोई जागकर किसी और को जगाता है और कोई ढिबरी जला देता है। अब कुछ लोग बातें कर रहे हैं और बनवारी लौट आता है।

'बड़ी मुस्किल में दिहिस। पौवा है। बोला सब खतम है।'

'चल...पौवा है तो पौवा सही। चना-चिखौना नहीं है कुछ ?...लेव मास्टर...तुमहूँ चखौ थोड़ा...।'

समाधि के चबूतरे पर बैठकर शराब पीता है ड्राइवर। क्लीनर आगे-पीछे से गाड़ी की जाँच करता है। मैं अँधेरे में चारों तरफ़ देखने की कोशिश करता हूँ। फिर मुझे चलते-फिरते लोग दिखाई देने लगते हैं।...

...गोरे इलाके का डॉक्टर नहीं आया। लेकिन इंजीनियर साहब की मेहरबानी थी। जीप में बैठकर एक और डॉक्टर आया था। उसने जाँच की थी और मियादी बुख़ार बताया था। इंजीनियर साहब और डॉक्टर साहब ने काफ़ी कोशिश की थी। हम लोग एक अस्पताल में पहुँच गए थे। अस्पताल बहुत बड़ा था और वहाँ बड़ी भीड़ थी। पेट की बीमारियों ने सारे इलाक़े को दबोच रखा था। अस्पताल के फाटक के बाहर भी भीड़ थी और मुझे लगा था कि बहुत से मरीज़ सड़क के दोनों तरफ़ पड़े हुए हैं। बाबू सिंह ने कहा था, 'जरा हाथ लगाओ...।'

वहाँ सफ़ेद चादर में लिपटीं दो लाशें ज़मीन पर पड़ी थीं और एक लाश को गाड़ी पर चढ़ाया जा रहा था। कुछ लोग आसपास खड़े हुए रो रहे थे। इस समय मुझे डर लगने लगा था। मैंने एक बार अपने बीमार पिता के चेहरे की तरफ़ देखा था। मुझे लगा था कि कहीं यह सच न हो जाए। लेकिन डरने का वक़्त भी नहीं था। हमने बिस्तर समेत मरीज़ को उठाया तो बेहोशी के बीच उसने अचानक आँखें खोल दीं और आसपास के लोगों को पहचानने

की कोशिश की। लेकिन सारे चेहरे अजनबी मालूम हुए। बहुत जल्द उसने फिर आँखें बंद कर लीं और दो लड़कों ने स्ट्रेचर उठाकर चलना शुरू कर दिया। हम लोग एक बहुत बड़ी भीड़ के बीच से गुज़रने लगे। आउट पेशंट डिपार्टमेंट में लम्बी-लम्बी क़तारें थीं और सैकड़ों लोग इधर-उधर खड़े हुए थे। बहुत से मरीज़ बेंचों पर पड़े थे और बहुत-सी आवाज़ें एक साथ गूँज रही थीं। हम लोग सीढ़ियाँ चढ़कर एक हॉल में पहुँचे थे। यहाँ हर जगह बिस्तर लगे हुए थे। पलंगों के बीच फ़र्श पर मरीज़ पड़े हुए थे। रास्तों के किनारे भी मरीज़ों को फ़र्श पर लिटा दिया गया था। कुछ लोग कराह रहे थे। कुछ के ऊपर बोतलें लटक रही थीं। कुछ लोग बीमार लोगों के पास बैठे हुए थे। कुछ मेहतर सफ़ाई कर रहे थे और मरीज़ों को डाँट रहे थे।

पिता को फ़र्श पर पड़े एक बिस्तर पर डाल दिया गया था। कहीं से आकर एक डॉक्टर ने उन्हें सूई लगायी थी। दर्द से तिलमिलाकर उन्होंने एक बार फिर आँखें खोल दी थीं। फिर समझ में नहीं आ रहा था कि क्या हो रहा है। उन्होंने फिर आँखें बन्द कर ली थीं। एक आदमी को इतना बेबस और असहाय मैंने पहले कभी नहीं देखा था।...

...मेरी बेचैनी फिर बढ़ जाती है। मैं पूछता हूँ, 'अढ़ाई-तीन कोस और बाक़ी होगा, क्यों ?'

क्लीनर अँधेरे में शायद मेरी तरफ़ ताकता है। कहता है, 'हाँ मास्टर ! मगर पइदल न जाना। टैम बहुत खराब है। दुई-दुई रुपैया के वास्ते कतल हो रहे हैं।' फिर मुझे समझाता है, 'पौवा खतम होय में देर न लगिहै। अबहीं चल पड़ेंगे मामा !...मामा !...'

लेकिन झोंपड़े में से कोई बाहर निकल आया है।

'राम-राम मामा !'

'का रे भाँजा ! साला दारू दिहिस है कि ठंडा पानी। समूचा पौवा चढ़ा गया हूँ। जौन कुछ हता सो भी उतर गवा...।'

'नाहीं मामा ! बढ़िया चीज दिया है तुमका। कल्है चुवाया रहा। इत्तै बचा रहा...बस्स !'

'तुम साले झूठ बोलता है। ठेकेदार के वास्ते दुसरा माल...हम लोगन के वास्ते दुसरा।...कहाँ गया वो ससुर ठेकेदार ?'

एक और झोंपड़े में चिराग़ जल जाता है। धीरे-धीरे कई और लोग आकर बैठ जाते हैं। सरदी काफ़ी है, लेकिन किसी को नहीं लग रही है। तम्बाकू और चिलम की बात शुरू हो रही है। चारों तरफ़ वही कहानियाँ हैं। इस साल फिर वही हुआ। भरे भादों में बूँदाबाँदी होती रही। खेतहार में काम नहीं निकला। लोग भाग-भाग कर कहीं और चले गये। ईंट के भट्ठों में कुछ काम मिला। लेकिन...? अँधेरे में किसी की आवाज़ गूँजती है, '...का कहें मालिक ! दिवारी पर पचास रुपैया पकड़ा दिहिस। अब होरी तक यही में गुजारा करो।...का करैं...किहसे कहैं...लड़िका-बच्चा लैके कहाँ जाएँ...?'

इस समय ज़रूर एक बजा होगा। मामा की आँखें झँपी जा रही हैं...लेकिन आवाज़ जारी है।...'दारू चुवा-चुवा के खूब पइसा बनाया तुम लोग।...हम सब जानते हैं...। बनवारी !...अबे ओ बनवारी ! इस्टार्ट कर गाड़ी...।'

लेकिन बड़ी देर तक गाड़ी स्टार्ट नहीं होती। सिर्फ़ बातें चलती रहती हैं। ये बातें एक वक़्त की हैं जो बहुत बुरा है। ये बातें बहुत पुरानी हैं। हर वक़्त मैं इन बातों को सुनता रहा हूँ। हमेशा लोग पहले के वक़्त की बातें करते हैं। यह पहले का वक़्त हमेशा बहुत अच्छा रहा है। लेकिन अब ज़माना ख़राब हो गया है। क़त्ल और डाके आम हो गये हैं। 'अमुक गाँव में दिन-दहाड़े फलाने का खून हो गया। सब देखते रहे। अमुक गाँव में डाका पड़ गया। डकैत एक-एक चीज ढो ले गए। गाँव-गाँव तमंचे बन रहे हैं। बात-बात पर छुरी-चाकू चल रहे हैं। जो रह सकते हैं...रह रहे हैं। बाकी लोग भाग रहे हैं। जमीन में वह कस नहीं रहा। जहाँ इतने मन अनाज होता था...वहाँ अब मुश्किल से इतना होता है।'...मैं चुप हूँ। मैं शायद इन तमाम चीज़ों के आख़िरी सिरे पर आ पहुँचा हूँ। मैं उस आदमी के बारे में सोच रहा हूँ जो इन तमाम चीज़ों से गुज़र कर आखिरी सिरे पर पहुँच गया है। यहाँ तक सब कुछ आता है। इसके बाद चीज़ें आगे बढ़ जाती हैं और आदमी रुक जाता है। जब तक नहीं रुकता है...लड़ता जाता है। जब रुक जाता है...तब भी लड़ता रहता है।...मैं किसी

को पुकारना चाहता हूँ। किसी का नाम लेना चाहता हूँ। किसी की आवाज़ सुनना चाहता हूँ। लेकिन कुछ नहीं होता। कोई आवाज़ नहीं आती। कोई नाम सुनाई नहीं देता। मैं वही सोचने लगता हूँ...जो सोचना नहीं चाहता।

...इस अस्पताल की रातें काफ़ी डरावनी होती थीं। मरीज़ों के बिस्तरों पर अँधेरा हो जाता था। सिर्फ़ थोड़ी सी बत्तियाँ जलती रहती थीं। बाद में उनको भी बुझा दिया जाता था। जब सब बत्तियाँ बुझ जाती थीं, तो सिर्फ़ ड्यूटी रूम की बत्ती जलती रहती थी। सफ़ेद कपड़े पहने हुए डॉक्टर लड़कों और नर्सों का जमघट होता था। कभी-कभी कुछ नर्सों के खिलखिलाने की आवाज़ सुनाई देती थी। बीच में कभी-कभी यहाँ ख़बर आती थी कि कोई मर रहा है...या किसी की हालत बहुत नाज़ुक है...या कोई दर्द से बहुत ज़्यादा छटपटा रहा है। तब हँसी की आवाज़ें थोड़ी देर के लिए बंद हो जाती थीं। कुछ लोग वहाँ से चले जाते थे। मगर फिर जल्द लौट आते थे।

बेहोश पिता के पास ज़मीन पर लेटा हुआ मैं सो नहीं पाता था। लोग लगातार कराहते रहते थे। अँधेरे में तरह-तरह की आवाज़ें आया करती थीं। मैं बेहोश पिता की बंद आँखों की तरफ़ देखा करता था। एक मरीज़ के पास एक औरत लगातार जागती रहती थी। मैं कभी-कभी उसकी आवाज़ सुनता था। एक रात हिम्मत कर मैंने उससे उसके मरीज़ के बारे में पूछा था। थकी हुई आवाज़ में उसने कहा था, 'न मरै में है...न जिये में। जो कुछ जमा-पूँजी थी...सब स्वाहा हो गयी। गहना-गुरिया बिक गया...।'

एक और मरीज़ से मैंने पूछा था, 'बाबा ! तुमको क्या तकलीफ़ है ?'

कराह कर उसने कहा था, 'थोड़ा...पानी... !'

कुछ लोग मरीज़ों को अस्पताल में छोड़कर चले गए, फिर लौटकर नहीं आए। ऐसे मरीज़ों को अस्पताल में मरने नहीं दिया जाता था। एक बार बड़ी रात गए मेरी आँख लग गयी थी। लेकिन थोड़ी ही देर बाद अचानक खुल गयी। कोई आदमी रो रहा था और गिड़गिड़ा रहा था। मैंने उस अँधेरे में देखने की कोशिश की थी। दो वॉर्ड ब्वाय एक बूढ़े आदमी के कपड़े उतार रहे थे। बूढ़ा भर्रायी आवाज़ में कह रहा था, '...तुम्हारे पाँव पड़ते हैं...हमको मत

निकारो।...हमरी हालत ठीक नहीं है। हम...हमसे उठा नहीं जाता है।...हमको...सूझता नहीं है।...गनेशी !...अरे ओ गनेशी !...तू कहाँ चला गवा...हमका...छाँड़िके... ?'

मैं देखता रहा। धीरे-धीरे अस्पताल के सारे कपड़े उतर गए। इस समय तक कुछ और लोग जाग गए थे। अस्पताल के लड़कों ने उस बूढ़े कंकाल को उसके अपने कपड़े पहना दिए। एक मैली धोती और एक फटी बंडी। मैंने किसी से पूछा था, 'इसको क्या तकलीफ़ है ?'

'क्या मालुम ! कुछ आँत-वाँत जिगर-विगर खराब है। दिन-रात बिस्तर गंदा करता रहता है। छै-सात दिन हुआ...कोई डाल के चला गया...!'

अब दो लड़के मरीज़ को स्ट्रेचर पर डाल कर ले जा रहे थे। कराहने की आवाज़ अब दूर चली गयी थी। एक नर्स बिस्तर की चादर बदल रही थी। इस समय सुबह होने वाली थी। वॉर्ड की खिड़कियों के उस पार कहीं-कहीं हलका उजाला दिखाई देने लगा था। मुझे सड़क पर पड़े मरीज़ों का ख्याल हो आया था। मैंने अपने बेहोश पिता की ओर देखा था। अचानक मुझे डर महसूस हुआ था।...

उस समय तक मैं यही समझ रहा था कि हम लोग सचमुच लौट आएँगे। आज जब ये तस्वीरें गुज़र रही हैं...तो मुझे लगता है कि हम लोग बस इसी तरह लौटेंगे। लौटते-लौटते कभी न लौटने का समय आ जाएगा। यह धरती इस समय अँधेरे में डूबी हुई है...लेकिन मैं इसकी हर चीज़ को पहचानने की कोशिश करता हूँ। जब हम लोग एक जगह से दूसरी जगह भटकते रहे...तो सिर्फ़ इसलिए कि एक दिन यहाँ लौट सकें...इस तरह कि यहाँ से जाने की फिर ज़रूरत न हो। इस धरती पर लौटकर एक सीधी-सादी ज़िन्दगी बिताने का सपना हर जगह देखते रहे। हर जगह हमने यहाँ की हर चीज़ को याद किया। यहाँ के तमाम आदमियों को याद किया जिन्हें हम पीछे छोड़ गए। हमने सोचा कि हम जहाँ कहीं हैं...परदेसी हैं। वहाँ के आदमी हमारे लिए परदेसी हैं। हमारा देश कहीं और है। सिर्फ़ वहीं के लोग हमारे अपने लोग हैं। बहुत दिनों तक हम सिर्फ़ यही सोचते रहे थे। लेकिन वे दिन धीरे-धीरे गुज़रते चले गए। हम अब कुछ और सोचने लगे थे।

इस समय ट्रक चल रहा है और मामा चिल्ला रहा है, 'बनवारी...ऊ सामने कउन गाँव है ?'

बनवारी चिल्लाता है, 'रमुआ का टोला... !'

इंजन की आवाज़ जारी है।...'चल साले ! रमुआ का टोला उहाँ नहीं है। रमुआ का टोला तो पीछे छूट गया !'

बनवारी चिल्लाकर कहता है...वही रमुआ का टोला है। ड्राइवर मान लेता है।...'अच्छा...तो जोखन का अड्डा तो खुला होगा अबै ?'

बहुत थक गया है बनवारी।...'रेता लोड करके सबेरे लउटना है कि नहीं ?...कि रात भर यहै अद्धा-पौवा करते रहोगे !'

लेकिन ड्राइवर कोई जवाब नहीं देता। अब हम कच्चे रास्ते की तरफ़ मुड़ गए हैं। मैं कुछ परेशानी महसूस करता हूँ। आसमान की दूसरी तरफ़ पतला सा चाँद निकल आया है। मैं अपने सामने कुछ दूर एक टीला देखता हूँ। बहुत छुटपन में हम लोगों ने कभी-कभी इस टीले को देखा था। वह टीला हमें बड़ा डरावना लगता था। हमें लगता था...जैसे बैताल पचीसी का बैताल यहीं रहता है। आज इस टीले को देखकर मुझे लगता है कि यह काफ़ी छोटा हो गया है। इसका बैताल भी इसे छोड़कर चला तो नहीं गया !...

अब सामने रोशनी दिखाई दे रही है। सपाट मैदान के दूसरे सिरे पर गैस-बत्ती जल रही है और भीड़ सी लगी है। हम लोग पास पहुँच जाते हैं। ड्राइवर चिल्लाकर कहता है, 'जोखन !...जोखन गुरू ! हम भी आ गए।'

यहाँ रंडी का नाच हो रहा है और चारों तरफ़ भीड़ लगी है। बीच में बोतल खुली है और कुछ लोग पी रहे हैं। एक लड़की है...काली और कुछ मोटी । ओंठ पान से काले पड़ गए हैं। आवाज़ बेसुरी है। गाती है। गाते-गाते घूम जाती है। मैं चुपचाप देखता रहता हूँ।...बहुत-बहुत पहले...कई साल बाद हमारा बाप घर लौटा था। हमें खुशी हुई थी। लेकिन बहुत जल्द हम डरने लगे थे। हमें ख़ास तौर पर रातों से डर लगता था। हम चाहते थे कि रात न हो। मगर रात हो जाती थी। हम अपने बाप की आवाज़ सुनते थे।...'अब जादा सती सावित्री न बनो। हमको मालुम है...जब हम नहीं रहते हैं तो यहाँ क्या

होता है। दुनिया की आँखिन में धूल झोंक सकती हो...हमारी आँखिन में नहीं झोंक सकतीं...।'

अब माँ चिल्ला रही है...खूब गालियाँ दे रही है। गुस्सा सम्हलता नहीं। अब रो रही है। सिसकियाँ भर रही है। बीच-बीच में बोलती जाती है।...'अरे...कहते तुम्हारी जबान न गल गयी।...हम पर अँगुरी उठाते हो...तुम्हारा नास होगा...परमात्मा देखेगा...।' फिर सिसकियाँ।... 'तीन बच्चे लैके पड़े हैं...दिन काट रहे हैं।...कभी पइसा है...कभी नहीं...। अपना पेट काट के बच्चन का पेट भरते हैं।...हुआँ तुम गुलछर्रे उड़ा रहे हो।...सराब...रंडीबाजी...अउर हमको बोलते हो।...अरे तुम्हारा कभी भला नहीं होगा...!'

...रंडी का गाना रुक गया है। गिड़गिड़ा रही है...'नहीं मालिक ! अब हमका जाय देव। तुम्हारे पाँव पड़ते हैं...।'

'नहीं !...अबै नहीं जाएगी तू...!'

मैं देख रहा हूँ...यह गाँव की रंडी है। नटों और कंजड़ों की छोकरियाँ ऐसी ही रंडियाँ बन जाती हैं। ठाकुरों के छोकरे ढेढ़ों चमारों और नीच जात वालों की छोकरियों को उड़ा ले जाते हैं। कुछ दिन बाद ये छोकरियाँ लौट आती हैं। रंडी अब भी गिड़गिड़ा रही है।...'हमार महतारी बिमार है।...दवाई लैके जात रहौं...।'

एक तरफ़ अलाव जल रहा है। बनवारी आवाज़ देता है, 'का बे रजुआ ? तेरा फसल-उसल का बोआई हो गवा ?'

रजुआ आग के सामाने ऊँघ रहा है।

'का बे, सुना नहीं ? फसल-उसल का बोआई हो गवा ? कुछ माल-पानी बना कि नहीं ?'

रजुआ एक लम्बी उबासी लेता है।

'फसल ?...फसल का कटाई हो गवा...तो फसल के साथ हमारा भी कटाई हो गवा...!'

बनवारी बीड़ी निकालकर आग पर जलाता है।...'तुम लोग का साला यही है। एक बरस पानी नहीं पड़ा तो भागे। हियाँ गिटि्टयों में कुछ कमा लेते

हौ कि नहीं ?...बीड़ी पियोगे मास्टर ?'

रजुआ अपनी कहानी सुना रहा है। फ़सल का क्या है...बच भी जाती तो यही होता। गिट्टी तोड़ते या लैन पर जाकर काम करते। खेतों की मजूरी से छह महीना भी गुज़ारा नहीं होता। औरत भाग गयी है। तीन बरस की छोकरी छोड़ गयी है।...अलाव की लपटें चेहरे पर आँख-मिचौली खेल रही है।...बहुत पता लगाया...मगर पता नहीं लगा। कोई बोला कि हरगंज में किसी के पास है। फिर कोई बोला कि बालापुर में है। वहाँ पहुँच गया। जहाँ जो बताया...वहीं गया। तीन बरस की बिटिया को छाती से लगाए यहाँ से वहाँ भटकता रहा। पैर पकड़कर गिड़गिड़ाता रहा।...'हमारी मेहरिया लउटा देव। नहीं तो या बिटिया मर जाएगी...नहीं बचेगी...।'

मगर औरत नहीं मिली। पास में जो कुछ जमा-पूँजी थी...ख़तम हो गयी। अब यहाँ लल्लन ठेकेदार के यहाँ गिट्टी तोड़ते हैं और छोकरी मड़ैया में पड़ी रहती है। बीमार है। सरदी...खाँसी...बुख़ार। मर जाएगी। बचेगी नहीं। फ़सल...बेफ़सल...सब बराबर।

बनवारी चुप है पल भर। अलाव की लपटें तेज़ हो गयी हैं और कुछ चेहरे दिखाई देने लगे हैं। अचानक बनवारी कहता है, 'ले साले...बीड़ी पी।...अउरत चली गयी तो साले रोता काहे है ! एक गयी तो दूसरी आ जाएगी। यह में रोने की कउन बात है !...ले...जला बीड़ी... !'

रजुआ कुछ नहीं कहता। लपटें धीरे-धीरे मद्धिम हो रही हैं। चेहरे अँधेरे में ग़ायब होते जा रहे हैं। छप्पर के नीचे गाना अब भी जारी है। रजुआ कह रहा है, 'अउरत का हमको फिकिर नहीं है। पर हमारी बिटिया...न बचेगी बनवारी... !'

मामा के चिल्लाने की आवाज़ आ रही है।...'वाह रामदुलारी...कमाल कर दिया !...एक दाँय अउर !'...

...मैं चुप हूँ। हम लोग अस्पताल से उस खाली गाँव में लौट आये हैं। बीमार अब पहले से ठीक है। ब्लास्ट फ़रनास का काम बंद है। कुछ और गोरे लोग बाहर से आने वाले हैं।...फिर रात हो गयी है। मज़दूर...वॉचमैन...ड्राइवर

पेटी पर रामायण की चौपाइयाँ गा रहे हैं। मैं झोंपड़े की कच्ची ज़मीन पर लेटा हुआ हूँ। पिता की कमज़ोर आवाज़ आती है....'छोटे...!'

मैं उठकर बैठ जाता हूँ।

कमज़ोर आवाज़ फिर सुनाई देती है...'क्या टैम हुआ है ?'

बारह बज चुके हैं। फिर ख़ामोशी छायी हुई है। फिर कमज़ोर आवाज़ सुनाई देती है...'कउन गा रहा है ?'

मैं बताता हूँ। मज़दूरों की मजलिस जमी है। रामायण हो रही है। लोग एक ही चौपाई बार-बार दुहरा रहे हैं।...'रामहि केवल प्रेमु पियारा...जानि लेउ जो जाननिहारा... !'

पिता अपनी कमज़ोर आवाज़ में दुहराते हैं...'जानि...लेउ...जो... जाननिहारा... !'

मैं पूछता हूँ...'अब कैसा जी है ?'

'जी ?' बड़ी देर तक कोई जवाब नहीं आता। फिर एक ठंडी साँस।...'जी...अच्छा है...मगर...मगर अब हम जादा चलेंगे नहीं...!'

मैं ख़ामोश हूँ। पिता फिर दुहराते हैं, 'जानि लेउ...जो...जाननिहारा...!'

अब हम दोनों के बीच फिर वही आवाज़ें हैं। वे कहते हैं, 'देर सबेर...एक अउर मुसाफिरी...शुरू होने वाली है।...अबकी जनम...पता नहीं...का बनेंगे !'

मैं कहता हूँ, 'अब तो तुम अच्छे हो गये हो...!'

लेकिन फिर ख़ामोशी है। सिर्फ़ एक आवाज़ गूँजती जाती है।...'जब-जब रामु अवध सुधि करहीं...तब तब बारि बिलोचन भरहीं...!'

...रजुआ की आवाज़ काँप रही है।...'बिटिया का बुखार अइसा चढ़ता है बनवारी...कि उतरता ही नहीं। मैं का करूँ।...सबेरे काम पर निकर जात हौं।...साम का लउटत हौं। दिन भर अकेले पड़ी रहती है। बिसनिया आय के देखि जाती है एक दुई-दाँय...!'

गाना कुछ रुक गया है। बनवारी आग को कुरेद रहा है। फिर एक लपट उठ जाती है। चेहरे अँधेरे में से बाहर निकल आते हैं। रंडी के गिड़गिड़ाने की आवाज़ सुनाई देती है। बनवारी कहता है, 'हमको ये समझ नहीं पड़ता

है कि लै कउन गवा तेरी मेहरिया को ! तोका अबै तलक मालुम नहीं पड़ा ?...का रे रजुआ ? तोका अबै तलक मालूम नहीं पड़ा कि कउन लै गवा...?'

रजुआ चुप है। बनवारी आग को फिर कुरेदता है।

...'हम का पूछते हैं...तोका अबै तलक नहीं मालूम...कउन लै गवा...?'

रजुआ धीरे-धीरे बोलता है।...'मालूम हुई गवा।...!...जगरमुआ लै गवा...!'

बनवारी माँ की गाली देता है।...'वहै साला जौन तेरा साथी रहा। बड़े-बड़े बाल हते ऊके... ?'

रजुआ चुपचाप बीड़ी फूँक रहा है।...'अब मैं का जानूँ दादा कि यू ससुर काहे चक्कर लगावत है। लैन पर काम चलता रहा। हमका लउटने में दुई-दुई चार-चार दिन लग जात रहै। ऊ साला हियाँ चक्कर लगाता रहा। सुखबतिया के पास चाँदी के दुई-चार गहना हते...लच्छै औ बिछिया ! डेढ़ सौ रुपइया नगद हता...हमारी मसक्कत की कमाई का दादा ! वही पर ऊकी नजर लगी रही। फुसला के लै गवा सुखबतिया का। आ गयी ससुरी चकमा माँ ! जेवर और रुपइया लै के भाग गयी...!'

रामदुलारी फिर गिड़गिड़ा रही है।...'हमार महतारी बिमार है !...! हम सच्ची कहित है...! हमका जाय देव अब...!'

रजुआ कह रहा है, 'रुपिया-पइसा...पहरना-ओढ़ना...खाना-पीना...सौख-पानी...कउनो बात की कमी नहीं होने दिया सुखबतिया को।...तो भी ससुरी चली गयी...।'

ऐसा लगता है...रजुआ रो पड़ेगा। बनवारी चिल्लाता है...'मैं साले जगरमुआ को पकड़िहौं...औ तेरी मेहरिया ला के देहौं...मेरा नाम नहीं...।'

लेकिन रजुआ चुप है और धीरे-धीरे बोल रहा है।...'कोई-कोई कहते हैं कि अब जगरमुआ के पासौ नहीं है सुखबती। चार सौ रुपइया लै के बेच दिया कोई मड़वारी को...।'

गाना फिर शुरू हो गया है।

मैं कहता हूँ, 'बनवारी ! अढ़ाई का टैम हो गया है। यहाँ से निकलने

का कोई रंग नहीं दिखता...!'

जवाब में बनवारी सिर्फ़ एक माँ की गाली देता है। गैस की रोशनी में रंडी दिखाई दे रही है। गा रही है। नाच रही है। मैं हिसाब लगाता हूँ। हम लोगों ने शायद आधा रास्ता तय कर लिया है। पैदल चलूँ तो दो घंटे लग जाएँगे। रजुआ बता रहा है, 'दुई दिन भये...सुमौली में फौजदारी हो गयी है। दुई जने खतम हो गये...।'

लेकिन मैं पैदल चल पड़ने के लिए तैयार हो जाता हूँ। बनवारी हैरान है।...'तनिक रुक जाओ मास्टर ! मामा खुद अबहीं चलेगा। हमको रेता लोड करना है। कोई हँसी-खेल थोड़े है।...पइदल न पहुँच पाओगे। रस्ता बहुत खराब है।'

मैं दुविधा में हूँ। बनवारी कहता है, 'अबहीं उठाता हूँ मामा को। यू साला लारी का काम ही अइसा है...!'

...पिता कह रहे हैं...'छोटे !...अब तुम ले चलो यहाँ से हमको।...अब कामधाम...होता नहीं हमसे।...जरा-जरा में...थक जाते हैं...।'

लेकिन मैं अकेला लौट आता हूँ। एक हाथ हवा में उठता रहता है...और धीरे-धीरे डूब जाता है। सिर्फ़ एक आवाज़ आती रहती है...'चिट्ठी-पत्री देते रहना...अपनी पहुँच भेजना...सबको राजी-खुशी कहना...!' बाक़ी आवाज़ें बढ़ते हुए शोर और फ़ासले के बीच खो जाती हैं।...

...और मैं सोच रहा हूँ...कि मैं रो क्यों नहीं रहा हूँ। क्यों ऐसा हो गया है कि मरने का ख़्याल भी कोई ख़ास ख़्याल मालूम नहीं होता। किसी सन्त-महात्मा की तरह मैं मरने और जीने में कोई फ़र्क़ करने के लिए तैयार नहीं हूँ। कितने साल हो गये...मैंने इस आदमी को नहीं देखा। दिन या रात में पल दो पल के लिए मैंने उसके बारे में ज़रूर सोचा है। लेकिन साथ-साथ और भी बहुत सी बातों के बारे में सोचा है। काम...नौकरी...ड्यूटी...छुट्टी...रेल का किराया...सुबह उठना है...शाम को लौटना है...इससे मिलना है...उसका उधार वापस करना है...दिन भर थक जाना है...रात को मर जाना है। कोई ख़्याल कहीं पैदा भी हुआ तो फ़ौरन ग़ायब हो गया। लेकिन अगर ऐसा न

होता...तब भी क्या होता ? हो सकता है कोई भीड़ न होती...कोई शोर न होता...रेल के किराये का हिसाब भी ठीक हो जाता...मैं आठ-पन्द्रह दिन के लिए उन लोगों के पास पहुँच जाता जिनको हम सब लोग पीछे छोड़ चुके हैं। लेकिन महीनों और सालों के लम्बे रास्ते पर आठ या दस दिनों का क्या मतलब ? जहाँ तक मेरा सवाल है...यह आदमी सालों तक मरा रहा...और बीच-बीच में आठ-दस दिनों के लिए ज़िंदा हो गया...महीनों और सालों के लिए फिर मर गया। हम सब एक दूसरे के लिए इसी तरह मरे हुए हैं। कभी बीच में आठ-दस दिनों के लिए ज़िन्दा हो जाते हैं...फिर मर जाते हैं। कोई ख़ास बात नहीं है कि तार आ गया...एक आदमी सख़्त बीमार है...दूसरा आ रहा है...कि आदमी मर गया है। जहाँ तक अलग-अलग क़स्बों और शहरों का सवाल है...हम सब लोग मर चुके हैं।

इसलिए मेरी आँखों में आँसू नहीं हैं। मुझे किसी की ज़रूरत नहीं है। चलते समय कुछ लोगों ने मुझे दिलासा देने की कोशिश की थी। मुझे इसकी कोई ज़रूरत नहीं थी। लोगों ने समझाया था कि सब ठीक हो जाएगा। लेकिन मुझे इस ठीक की भी ज़रूरत नहीं थी। चलते-चलते मैं उस जगह पहुँच गया था जहाँ मैंने ठीक के बारे में सोचना छोड़ दिया था। मुझे मालूम हो गया था कि अब यह इसी तरह होगा। जब किसी ने जगाकर मुझसे कहा कि तार आया है...तो अचानक मुझे लगा था कि मैं इस तार का इंतज़ार कर रहा हूँ। पता नहीं कब मैं इसके बारे में पहले ही सोच चुका था। फ़र्क़ बहुत छोटा था। माँ की जगह बाप का नाम था। लेकिन मुझे बहुत पहले मालूम हो गया था कि कोई मर रहा है...या मर गया है। शायद हम सभी को मालूम हो गया था। क़स्बों और शहरों में हम सभी ने इसे चुपचाप मान लिया था। हमें ख़ुद इस बात का पता नहीं था। हम सब चुप थे। हमने कभी किसी से कुछ नहीं कहा था। हम सबके बीच अन्दर ही अन्दर एक समझौता हो गया था। इसीलिए हम सब अचानक ख़ामोश हो गये थे।...

इस समय एक छोटी बच्ची रो रही थी और रजुआ उठकर झोपड़ी के अन्दर चला गया था। रंडी का गाना बन्द हो गया था और गाली-गलौज की आवाज़ें

आ रही थीं। हम लोग उठकर अड्‌डे के पास आ गये थे। रंडी एक तरफ़ दुबकी खड़ी थी। लोगों ने लाठियाँ निकाल ली थीं। किसी ने चीख़ कर कहा, 'कउन साला रोकता है !...रामदुलारी हमारे साथ जाएगी...!'

दूसरी तरफ़ किसी ने ललकारा, 'केहि की मैया ने दूध पियावा है...हम देखते हैं !...बोल दे रमदुलरिया...तू हमारे साथ जाएगी... !'

रामदुलारी गिड़गिड़ाती है, 'तुम्हार गोड़ लागौं मालिक...मोका जाय देव !...मोर महतारी बिमार है। दवाई लैके जात रहौं...!'

फिर किसी की आवाज़ सुनाई देती है...'यह साली पतुरिया की जात...हरामजादी...अइसे नहीं मानेगी। इसका झोंटा पकड़ के लै चलो...!'

किसी की फुसफुसाहट सुनाई देती है, 'जोखन गुरू ! समझा-बुझा के अलग करो...नहीं दो-चार खोपड़िया फूट जाएँगी। तुम हूँ भागे-भागे फिरोगे !'

अब बहुत सी आवाज़ें एक साथ आने लगी हैं। लाठियाँ पटकी जा रही हैं। रामदुलारी बार बार गिड़गिड़ा रही है, 'तुम्हारे पाँव पड़ित है...हाथ जोड़ित है...मोर महतारी...मोका जाय देव...!'

लोग चिल्ला रहे हैं और गालियाँ दे रहे हैं। कुछ लोग समझा रहे हैं...अलग कर रहे हैं। ठर्रे की बू चारों तरफ़ फैली है। चेहरे दिखाई नहीं दे रहे हैं। हलकी चाँदनी में हलकी-हलकी तस्वीरें उभर रही हैं...आवाज़ें लगातार गूँजती चली जा रही हैं।...

मेरे कानों में कोई कह रहा है,...'हम लोगों का कोई घर न कभी था, न है। यहाँ से वहाँ भटक रहे हैं। मरने तक का टैम किसी तरह निकालना है। उसके बाद जो हरि इच्छा। तुम्हारी माँ तुम्हारी बहन के पास है। लेकिन हम अब न तुम्हारे पास आएँगे, न बड़े के पास जाएँगे। जो प्रभु राखे टेक। फकत।'

इसके बाद फिर रात हो जाती है। दिन की बची-खुची रोटियाँ खाकर हम लोग ज़मीन पर लेट जाते हैं। मैं पूछता हूँ, 'बाबा कहाँ गये हैं ?' बड़ा भाई जवाब देता है, 'पइसा कमाने गए हैं !' लेकिन बात ख़त्म नहीं होती है। मैं पूछता हूँ, 'पइसा कमाने कहाँ जाते हैं ?' अँधेरे में कहीं से जवाब आता है, 'खूब दूर जाते हैं...खूब दूर...रेलगाड़ी में...!' मैं फिर अँधेरे से पूछता हूँ,

'फिर कब लउटते हैं ?' लेकिन अब सिर्फ़ अँधेरा है। अँधेरे में चलती हुई तस्वीरों को देखते हैं। हमें नहीं मालूम कि हम जाग रहे हैं या सो रहे हैं। फिर कोई कह रहा है, '...हमारा कोई वतन नहीं। जहाँ लौट जाएँगे...वहीं वतन हो जाएगा...।' फिर अँधेरा फैल जाता है। लेकिन फिर कोई कहने लगता है, '...ज़िन्दगी को घसीटकर यहाँ लाये हैं। सोचा था आख़िरी टैम थोड़ा आराम करेंगे। लेकिन ईश्वर को मंजूर नहीं है। सन्तलाल बोला है, काम दिलाएगा। वहीं जाते हैं। फिर कुछ कामधाम करेंगे। मगर शरीर धोखा दे रहा है। आँखों से सूझता नहीं है। जो हरि इच्छा। फकत !'...

अब समझौता हो गया है। सब लोग मिलकर ट्रक पर जाएँगे। रामदुलारी को भी ले जाएँगे। चाँद का उजाला कुछ और तेज़ हो गया है। कुछ और चीज़ें साफ़-साफ़ दिखाई देने लगी हैं। लोग ख़ामोश हो गये हैं। ट्रक में पीछे की तरफ़ चढ़ते जा रहे हैं। मामा स्टीयरिंग पर बैठ गया है। बाँसों के झुरमुट के साये लम्बे हो गये हैं।...

ट्रक ने चलना शुरू कर दिया। पीछे लोग सो गये हैं...या ख़ामोश हो गये हैं। मामा पूछता है, 'क्या टैम हुआ है मास्टर ?' फिर माँ की गाली देता है।...'रोज यही होता है। जल्दी जल्दी रेता लोड करो और भागो। कल संझा बखत तक वापिस पहुँच जाना है।'

मैं महसूस करता हूँ कि मामा का नशा काफ़ी उतर गया है। लेकिन मैं चुप हूँ। मामा पुकारता है, 'मास्टर !...'

'...ओ मास्टर ! सो गये क्या ?'

मैं कहता हूँ, 'नहीं तो... !'

बनवारी बार-बार गियर पर लुढ़क जाता है। इंजन की आवाज़ से ऊपर मामा कहता है, '...हमारा एक लड़का है मास्टर ! चउदा-पंदरा बरस का हो गवा है। पढ़ा-लिखा कुछ है नहीं। कहीं काम-वाम लगा देव...बड़ा अहसान मानेंगे...!'

मैं बहुत अनमना हूँ। फिर भी पूछता हूँ, 'क्या काम करेगा ?'

और ऊँची आवाज़ में मामा कहता है, 'जौन बोलोगे...वही काम

करेगा...! बड़ा हेल्प होगा मास्टर तुम्हारा !'

मैं चुप हूँ। आवाज़ और भी ऊँची हो जाती है, 'अब हमारे हाथ-पाँवों में वह बात नहीं रही। जादा दिन यह काम नहीं कर पाएँगे।...सुन रहे हो मास्टर ?'

मैं सुन रहा हूँ। ट्रक के अन्दर अँधेरा है। मैंने अब तक ड्राइवर का चेहरा भी नहीं देखा है। वह अब भी चिल्ला रहा है, 'ये हमारा काम अइसा खराब है मास्टर...कि आठ-दस बरस में आदमी बिल्कुल खतम हो जाता है। हमारे दिन पूरे हो रहे हैं...हमको मालूम है।...ये हमारा छोकरा कुछ कमाने-धमाने लगता...तो बड़ा आसरा हो जाता...।'

मैं अब भी चुप हूँ। मामा की आवाज़ लगातार गूँजती जाती है। अब किसी को कोई ख़्याल नहीं कि कोई सुन रहा है या नहीं सुन रहा है। बोलना ज़रूरी है।

लोग बोलते चले जा रहे हैं।...अब वक़्त काफ़ी गुज़र गया है। कोई कह रहा है, '...बहुत दूर आ गए हैं। अब तो मरने-जीने का साथ भी नहीं रहा...।' मुझे भी लगने लगा है कि वक़्त काफ़ी गुज़र चुका है। हम धीरे-धीरे भूलते जा रहे हैं। अपने बाप से हमें उतना लगाव नहीं रह गया है। हमें अब एक दूसरे से भी उतना लगाव नहीं रह गया है। हम अब अपने बारे में सोचने लगे हैं। हमारा क्या होगा ? बीच-बीच में बाप का आ जाना अब हमें बहुत ख़ुशी नहीं देता। हम सिर्फ़ एक बदलती हुई तस्वीर को देखते चले जाते हैं। अब हम इस आदमी को तीन साल बाद देख रहे हैं। अचानक सिर के बहुत से बाल सफ़ेद हो चुके हैं। अब हम उसे ढाई साल बाद देख रहे हैं। सामने के दाँत गिर चुके हैं। अब हम उसे तीन साल बाद देख रहे हैं। चेहरे पर काफ़ी झुर्रियाँ पड़ गयी हैं। अब फिर कई साल बीत गए हैं। आँखों पर चश्मा चढ़ गया है...कंधे झुक गए हैं। अब हम फिर देख रहे हैं...कमर झुक गयी है...एक आदमी किसी तरह चलने की कोशिश कर रहा है। हम अब भी चुप हैं। जिस आवाज़ की हमें तलाश थी, वह हमें अब भी नहीं मिली है। लेकिन हम अब भी आसमान की तरफ़ ताक रहे हैं।...

...अचानक मैं जाग उठता हूँ। सामने एक सफ़ेद पुलिया दिखाई दे रही है। गाड़ी चल रही है। ड्राइवर सो गया है। मैं चिल्लाकर कहता हूँ, 'मामा...!'

वह चारों तरफ़ देखने की कोशिश करता है। हम सब लोग शायद सो गए थे। नौबतसिंह वाली सुमौली का कच्चा रास्ता पीछे छूट गया है। गाड़ी रुक जाती है। मैं परेशान हूँ। मामा कहता है, '...हाँ,...कुछ आगे आ गए हैं। मगर डरै की कोई बात नहीं। डगरै-डगर चले जाओ...रस्ता मिल जाएगा।...हमको रेता लोड करना है...नहीं तो हम घुमा लेते।...अच्छा मास्टर ! कहा-सुना माफ करना।...हरगंज में रोडवेज में हम मिलते हैं। हमारा नाम पूछोगे...कोई बता देगा...।'

जो सो रहे हैं, अब भी सो रहे हैं। मैं ट्रक का दरवाज़ा खोलता हूँ, नीचे उतर पड़ता हूँ। सरदी की एक लहर गुज़र जाती हैं। मामा फिर कुछ कह रहा है। इंजन की आवाज़ तेज़ होती है। फिर चारों तरफ़ सन्नाटा छा जाता है।

मैं चुपचाप उसी तरह खड़ा रह जाता हूँ।...चारों तरफ़ खेत हैं और पेड़ हैं। मुझे मालूम है...अब मैं बहुत दूर नहीं हूँ। कच्चे रास्ते तक जाने की कोई ज़रूरत नहीं है। मैं मेड़ों पर चल सकता हूँ। आगे खेत हैं। खेतों के बाद कुछ और खेत हैं। फिर बाग़ है। फिर खेत है। फिर पोखर है। जब सुबह होने लगेगी...मैं वहाँ पहुँच जाऊँगा जहाँ एक आदमी शायद मर चुका है। जहाँ पहुँचकर मेरे लिए रोना ज़रूरी हो जाएगा। कुछ और लोग भी शायद रोएँगे और मुझे बताएँगे कि मरने वाला किस तरह मरा। वह चारों तरफ़ देखता रहा और कुछ लोग चुपचाप उसके आसपास खड़े रहे। लेकिन कुछ लोगों को वह देखना चाहता था जो उसके आसपास नहीं थे। शायद उसने उन लोगों का नाम लेने की कोशिश की थी। या शायद उसके मुँह से आवाज़ नहीं निकल सकी थी। वह चुपचाप निहारता रहा और उसकी आँखों से आँसू बहते रहे। इसके बाद उसकी आख़िरी साँस छूट गई। कुछ लोग मौत की ख़बर भेजने के लिए चल पड़े। लेकिन इंतज़ार नहीं किया जा सका। मरनेवाले का आख़िरी काम कर दिया गया।...बातें करते-करते बीच-बीच में हम रो पड़ेंगे। फिर उन अच्छाइयों की बात करेंगे जो मरने वाले में थीं...जिनका अब तक हमने कभी

ज़िक्र नहीं किया था। इसके बाद कुछ लोग समझाएँगे कि ज़िंदगी कितनी बेमतलब है...संसार में कोई सार नहीं है। मरना कुछ नहीं है...सिर्फ़ चोला बदल डालना है। यह संसार का नियम है। इसलिए हमें अपने आँसुओं को पोंछ डालना चाहिए। यह नहीं सोचना चाहिए कि हमारा सब कुछ बीच में छूट गया है...हम सिर्फ़ सोचते रह गए हैं और लोग हमारे बीच से गुज़रते चले गए हैं। हमें सिर्फ़ उसको याद करना चाहिए...सबका जीना-मरना जिसके हाथ है।...

एक पल के लिए मुझे लगता है कि मैं पीछे मुड़ जाऊँ और वापस लौट जाऊँ।...क्योंकि यह कहानी ख़त्म हो चुकी है। लेकिन खेतों और बाग़ों के सुनसान अँधेरे में कोई मुझे बुला रहा है। मैं धीरे-धीरे मेड़ों पर चलना शुरू कर देता हूँ। अब रात शायद ख़त्म होने वाली है।...

जिस समय रोशनी हुई...मैंने नागफनी की झाड़ियाँ देखी थीं। ओस से भीगी हुई मिट्टी मेरे पैरों में लिपटी हुई थी और सामने अब भी कुछ सितारे चमक रहे थे। आसमान और धरती के बीच सफ़ेद पाले की परत जमी हुई थी। मेरी अँगुलियाँ ठिठुर रही थीं। मेड़ों पर लगी कँटीली बाड़ें मेरा रास्ता रोक रही थीं। मैंने दूर पर कच्चे मकानों की मुँडेरों को देखा था और अचानक मेरे दिल ने ज़ोर से धड़कना शुरू कर दिया था। वे गुज़रे हुए दिन मुझे याद नहीं आए थे जो मैंने वहाँ बिताए थे। मेरे दिमाग़ में एक ही ख़्याल था। मैं मान लेना चाहता था कि सब कुछ ख़त्म हो गया है...ताकि मेरे अन्दर कोई उम्मीद पैदा न हो। लेकिन फिर भी मैं डर रहा था। जो कुछ हो गया था...मैं उसके लिए तैयार नहीं था।

इस समय बाग़ और गढ़इया पीछे छूट चुके थे और मैं वहाँ पहुँच गया था जहाँ हाट लगा करती थी। हलवाई की दुकान बंद थी...शिवाले में ख़ामोशी थी और जुलाहों के मुहल्ले में कोई बूढ़ा खाँस रहा था। सब कुछ वैसा ही था जैसा मैं छोड़ गया। कोई बदल नहीं हुआ था...सिर्फ़ कुछ लोग शायद जा चुके थे।

इस समय कुत्ते ख़ामोश थे। किसी गोवाड़े में कोई गाय रँभा रही थी और गोबर की हल्की गंध हवा के झोंकों के साथ गुज़र जाती थी। धूल और मिट्टी से भरे गलियारों से मैं गुज़रता गया। कई साल इन्हें मैंने सिर्फ़ सपनों में देखा

था। बहुत पहले वहाँ सेंगर दाऊ का घर था। मिट्टी का घर अब एक घूरे में तबदील हो गया था। वैदराज की दुकान बंद थी और चौपाल में कोई सो रहा था। कुछ और चलकर मैं उस टूटे मकान के सामने खड़ा हो गया जो बरसों पहले छूट गया था। वहाँ की एक दीवार खंडहर हो चुकी थी और दरवाज़े झुक गए थे। मैंने धड़कते हुए दिल पर क़ाबू पाने की कोशिश की। कुंडी पर हाथ रखकर मैंने आवाज़ दी, 'सियाराम !...सियाराम...!'

मैंने दो बार आवाज़ दी। इसके बाद आवाज़ें शुरू होने लगीं। सामने की चौपाल में सोया हुआ कोई जाग गया। अन्दर से एक बूढ़ी औरत की आवाज़ आने लगी, 'रामपियरवा...तू आय गवा...?'

इसके बाद कोई हलचल हुई और टूटा हुआ दरवाज़ा खुल गया। सामने आँखें मलता हुआ एक लड़का खड़ा था। मेरे मुँह से सिर्फ़ इतना निकला, 'सियाराम...!' और मुझे लगा कि हम सब अचानक रो पड़ेंगे। लेकिन कोई नहीं रोया। हम अन्दर दाख़िल हो गए। मैंने कहा, '...बाबा...?'

उसने कहा, 'हाँ ! भीतर हैं। ...होस नहीं है...!'

अचानक मेरे क़दम तेज़ हो गए। बरोठा गुज़र गया। आँगन गुज़र गया। हम लोग एक अँधेरी कोठरी में पहुँच गए। अब कई लोग आ गए थे। किसी ने कहा, 'सियाराम !...दिया जलाओ...!'

इसके बाद एक कुप्पी का उजाला हो गया था। मुझे मालूम नहीं...वहाँ कौन-कौन था। कुप्पी के उजाले में मैंने सिर्फ़ एक लाश को देखा था जो धीरे-धीरे साँसें ले रही थी। एक मैली रज़ाई के बाहर एक मुरदा चेहरा दिखाई दे रहा था। आँखें धँस गयी थीं। बाक़ी चेहरा उगी हुई सफ़ेद दाढ़ी में छिपा हुआ था। बिस्तर से बदबू आ रही थी। लेकिन मैं महसूस कर रहा था कि देर नहीं हुई है। वहाँ खड़े हुए सभी लोग शायद ख़ुश थे कि देर नहीं हुई है। उस ख़ुशी में किसी ने आवाज़ दी, 'बाबा !...बाबा ! देखो कउन आया है...!'

लेकिन यह आवाज़ कहीं जाकर खो गयी और लाश में कोई हलचल नहीं हुई। मालूम नहीं कैसे, तब मैंने आवाज़ें दी, 'बाबा !...बाबा !...आँखें खोलो। देखो...मैं आ गया हूँ...छोटे !'

अचानक लाश में कुछ हलचल पैदा हो गयी। आँखें खुल गयीं। इधर

देखा...उधर देखा...आसपास के लोगों को पहचानने की कोशिश की। फिर थक कर बंद हो गयीं।

इस समय कुप्पी की लौ काँप रही थी। कई लोग थे...लेकिन मैंने किसी को नहीं देखा। बेचैन होकर मैंने फिर आवाज़ दी, 'बाबा !...मैं आ गया हूँ...छोटे...!'

आँखें फिर खुल गईं। उन्होंने हर तरफ़ देखा। कुछ दिखाई नहीं दे रहा था। किसी ने कहा- 'चश्मा...' और किसी ने ढूँढ़कर चश्मा आँखों पर रख दिया...डोरी कानों पर चढ़ा दी। मैंने झुककर फिर कहा, 'मैं आ गया हूँ...छोटे...!'

अचानक जैसे सब कुछ समझ में आ गया। उन्होंने मुझे पहचान लिया।...पोपले मुँह को तेज़ी से हिलाया...कुछ बोलने की कोशिश की...आवाज़ नहीं निकली। बेबस आँखें इधर-उधर ताकती रहीं। सब लोग चुप थे। मैं भी चुप था। सिर्फ़ कुप्पी जल रही थी। लेकिन मैंने फिर बोलने की कोशिश की। मेरी आवाज़ काँप रही थी। मैंने कहा, 'बाबा...!'

उन्होंने तुतलाकर कहा, '...तो...ते...!'

रज़ाई के अन्दर हाथों में हलचल होने लगी। मैं वहीं बैठ गया। इस समय शायद पूरी सुबह हो गई थी। लेकिन अन्दर अँधेरा था। अब चुप्पी टूट गई थी और लोगों ने बोलना शुरू कर दिया था। वह बूढ़ी लाश अब होश में थी और चारों तरफ़ ताक रही थी। मैंने आसपास के लोगों को पहचानने की कोशिश की थी। बहुत पहले बहुत से लोग छूट गए थे। मैं उन लोगों के चेहरे खोज रहा था। ये चेहरे खो गए थे...या बदल गए थे। मालूम नहीं किससे मैंने पूछा, '...और कोई नहीं पहुँचा अभी तक ?'

इस समय सियाराम ने बताना शुरू कर दिया। बाबूलाल ने ख़ुद चार तार भेजे हैं। दो बड़े भाई को...एक बहन को...एक मुझे। लेकिन कहीं से कोई नहीं आया।...मैंने फिर और कई सवाल पूछे। डॉक्टर-वैद कौन है ? दवाई क्या है ?...बाबूलाल ख़ुद वहाँ गया है। '...डागदर बैद कोऊ नहीं है। बैदराज हैं। पहले वही दवाई देते रहे। फिर हम लोग दवाखाने गए। बरई गाँव में बिलाक का दवाखाना है। कैफियत बताय के दवाई ले आए...!'

मैंने पूछा, 'बीमार कैसे हुए ?'

बाबूलाल सबकी तरफ़ देखता है। '...अब का बतावें कइसे बीमार पड़े। ...जब हियाँ आए थे तब ही बहुत कमजोर थे। आँखिन से दिखता नहीं था। कहने लगे...काम दिलाओ...कुछ काम करेंगे। हमने बहुत समझाया... बाबा...तुम्हारा सरीर बहुत कमज़ोर है...अब तुमसे काम नहीं होगा...यह काम करने की उमिर नहीं है।...लेकिन नहीं माने। ठेकेदार के पास पहुँच गए। ऊ ईंटा के भट्ठा में कुछ काम दै दिया।...एक कोस जाना और एक कोस आना...नदी के पास। तिसरे दिन आयके जो गिरे तो फिर उठे नहीं। हम तो बड़ी परेसानी में पड़ गए। दिन में काम पर चले जाते हैं। लउट के रोटी-पानी करते हैं। अब कब तो इनको देखें अउर कब सम्हालें। सियारामै सब कुछ करता है। टट्टी-पिसाब भी सफा करता है...।'

बूढ़ी लाश अब भी चारों तरफ़ ताक रही थी। किसी ने कहा, 'होस में हैं। सब सुन रहे हैं !' इसके बाद कई लोगों ने कई बातें कही थीं। किसी ने कहा...सरदी का बुख़ार है। किसी ने कहा...मलेरिया है। किसी और ने कहा...मियादी बुख़ार है। फिर किसी ने कहा...कोई बीमारी नहीं है...बस बुढ़ापा है और ग़रीबी है।एक बूढ़े आदमी ने अपनी बढ़ी हुई दाढ़ी पर के बलगम़ को पोंछकर कहा, 'तुम लोग बस तार का रस्ता देखते हो।...अच्छा है कि हियाँ हैं। कहीं परदेस में मर-मरा जाते तो बस भंगी लोगै उठाते...।'

कई घंटे मैंने इसी तरह गुज़ार दिए थे। बरोठे के पास बूढ़ी औरत की आवाज़ बार-बार सुनाई दे रही थीþ'...कउन रामपियरवा ?...आ गवा रे...?'

मैंने रज़ाई हटा दी थी। एक गंदी ठठरी पड़ी हुई थी। मैंने बिस्तर बदला...रज़ाई बदली...पानी गर्म करवाया। कई चम्मच चाय मुँह में डाली। लाश में धीरे-धीरे जान लौट रही थी।...बहुतों ने बहुत सी बातें बतायीं। चारों तरफ सूखा पड़ गया है। जहाँ दस मन अनाज होता था...वहाँ दो मन भी नहीं हुआ। भरे भादों में छूँछे बादल उड़ते रहे। गैया-भैंसों को चारा-कटिया भी नहीं मिला। बहुत से मर गए। आदमी शहर भाग गए। घर में तीन भाई थे...तो दो शहर चले गए। एक रह गया घर-द्वार देखने के लिए। तालुक़दार नौबतसिंह के बेटे सोहबतसिंह भी गुज़र गए। अब मुहब्बतसिंह ही सब कुछ देखते-

भालते हैं। चार दिन पहले फ़ौजदारी हो गई। कोई बीस मजूरों ने मुहब्बतसिंह को घेर लिया। मुहब्बतसिंह के पास छर्रे वाली बंदूक़ थी। चला दी। सतरह आदमी गिरे। दो वहीं ख़तम हो गए। मेहरिया और बच्चे आ गए। रोना-पीटना मच गया। फिर बैलगाड़ियों पर लाद लाद कर शहर ले गए।...शिवशंकर कुछ नहीं करता। साइकिल से हरगंज दूध पहुँचाता है। झबूले का लड़का आवारा निकल गया है। कुछ नहीं करता...दारू चुआता है और गुंडई करता है।...बाबूलाल हरगंज की शक्कर की मिल में नौकरी करता है। रोज़ सवेरे निकल जाता है...रात तक लौटता है। मगर मिल साल में छह महीने बंद रहती है। गाँव के बाक़ी छोकरे भी शहर भाग गए हैं। कुछ रह गए हैं...तो उलटे-सीधे काम करते हैं। बंदूक़ बनाते हैं...तमंचा बनाते हैं...मारपीट करते हैं।

मैं घर की तरफ़ देखता हूँ। इस घर का गिरना बहुत पहले शुरू हो गया था। किसी ने घर सुधारने की सलाह दी थी। लेकिन हम लोगों ने सिर्फ़ सामान हटाना शुरू कर दिया था। एक खटिया...लकड़ी की पेटी...बोरे... नाँद...मटका...हम लोग लगातार सिमटते चले गए थे। दीवार गिरती जाती थी और हम लोग सिकुड़ते जाते थे। बाक़ी दीवार गिरती चली गई। छप्पर कब ढहा...हमें मालूम नहीं...क्योंकि हम लोग एक क़स्बे की तरफ़ रवाना हो चुके थे।...

इस समय सब लोग काम पर चले गए थे और दूर कहीं पनचक्की की आवाज़ शुरू हो गई थी।.. सरकारी दवाख़ाने का डॉक्टर सुबह मिलता है।...मैं चुपचाप कोठरी में लौट आया। वहाँ अब भी अँधेरा था। चारों तरफ़ गाँव की दोपहर की ख़ामोशी छाई हुई थी। मैं पिता के बिस्तर के पास बैठ गया था और उन तमाम लोगों के बारे में सोच रहा था जो अब तक नहीं आए थे...या चले गए थे...या कहीं खो गए थे। मुझे लगा कि पिता के बिस्तर में कुछ हलचल हो रही है। मैं उन पर झुक गया। मैंने कहा, 'बाबा...!'

मुझे लगा कि वे ज़ोर लगाकर कुछ कहने की कोशिश कर रहे हैं। उनकी आवाज़ घरघरा रही थी...लेकिन मैं झुककर सब कुछ सुन सकता था। उन्होंने कहा, 'अच्छा हुआ...तुम...पहुँच गए।...हमको डर...था...पहुँचने से...पहले ही...।'

वे हाँफकर चुप हो गए। बहुत देर तक सिर्फ़ पनचक्की की आवाज़ गूँजती रही। मैंने कहा,...'तुम अच्छे हो जाओगे। मैं तुम्हें अपने साथ ले चलूँगा...!'

उन्होंने आँखें खोलीं और बंद कर लीं। फिर बहुत सा समय गुज़र गया। उन्होंने फिर बोलने की कोशिश की। आवाज़ धीरे-धीरे साफ़ होने लगी। उन्होंने कहा, '...तुम...अकेले हो...हमको...फिकर है।...तुम डरना...मत। ये सब लोग...हैं...तुमको...मदद देंगे।...यहीं के...शमशान में...जला देना... हमको। गंगा पर...मत...ले...जाना।...यहाँ...घाट है...हम...देख...चुके हैं !'

अचानक मैं शायद बहुत बेचैन हो गया था। मैंने उठकर किसी को पुकारने की कोशिश की। उन्होंने मुश्किल से हाथ हिलाकर बैठने के लिए कहा। मैं बैठ गया। फिर ख़ामोशी के बीच पनचक्की की आवाज़ गूँजती रही। उन्होंने एक लंबी साँस खींची...फिर कहा, 'यू तनु...राखि...करब... मैं...काहा... !'

मैं फिर उठना चाहता था। लेकिन वे हाँफ गए थे। बड़ी देर तक साँसों को सम्हालने की कोशिश करते रहे। मैं बेबस देखता रहा। इस समय भी चारों तरफ़ चुप्पी थी और पनचक्की की आवाज़ गूँज रही थी। बड़ी देर के सन्नाटे के बाद उन्होंने कहा, '...बीस...पचीस रुपैया...हमारे...पास है...।' साँसों को सम्हालकर उन्होंने कहा, '...तुम्हारे पास...न हों...इन लोगन...से...उधार...ले लेना...!' साँसों को सम्हालने की फिर वही कोशिश। '...डाकघर... में...हमारे...रुपये...हैं...एक कम...अस्सी।...झोले में...खाते की...किताब है।...रुपैया...निकाल लेना...लोगन का...हिसाब...चुका...।' फिर ख़ामोशी।...'और तो...हमारे पास...कुछ है नहीं।...ज़िंदगी...लड़ते... गुजरी।...यही...दे के...जाते हैं...।'

शायद मैंने रोना शुरू कर दिया था। बहुत मुश्किल से उन्होंने हाथ हिलाया था। आवाज़ फिर वैसी ही थी। '..इसमें ...रोने की...कउन बात ?...माँ-बाप...क्या...सदा...रहते हैं ?'

हाँफकर उन्होंने आँखें बंद कर लीं। मैं बड़ी देर तक उस सूखे चेहरे की तरफ देखता रहा जो वक़्त से बहुत पहले ही बूढ़ा हो गया था। देखते-देखते न जाने कहाँ से बुढ़ापा आ गया। अब ज़िंदगी बुढ़ापे से भी आगे बढ़ने की

कोशिश कर रही है। जैसे कहीं से आवाज़ आ रही है '...अब हम यहाँ पहुँच गए हैं...फकत...!'

इस समय पिता सो गए थे...। या शायद थककर बेहोश हो गए थे। मुझे बड़े का ख़्याल था जो अब तक नहीं पहुँचा था। नींद और थकान से मेरी आँखें भारी हो रही थीं। मुझे चलते-फिरते लोग दिखाई दे रहे थे...लोग जो अब वहाँ नहीं हैं। मैं देख रहा था...कि माँ रो रही हैं। पिता नारियल की रस्सी में दरी और कम्बल बाँध रहे हैं। एक मैले झोले में बाक़ी सामान आ गया है। कहाँ गई चुनौटी ? हमेशा गुम हो जाती है।...फिर सब लोग ग़ायब हो जाते हैं। पिता चलने के लिए तैयार हैं। चारों तरफ़ सन्नाटा है। '...घर में ...कोई नहीं है क्या ?'

मैं कहता हूँ, 'नहीं...!'

'बड़कू ?...बड़कू भी नहीं है ?'

'नहीं !'

पिता ख़ामोश हैं। एक लम्बी साँस सुनाई देती है। '...ये बड़कवा...हमारे टैम पर कभी नहीं आएगा।...खैर...जो हरि इच्छा...!'

...छायाएँ गुज़रती चली जाती हैं।...दरवाज़े झुकने लगे हैं...दीवारें हिलने लगी हैं। एक सफ़र बार-बार शुरू हो जाता है। मैं कह रहा हूँ...मैं भी चलूँगा।...आवाज़ आ रही है...यह क्या पागलपन है ! यहाँ कौन रहेगा !...अच्छी तरह रहना...चिट्ठी देते रहना...फकत...।

बीमार कराह रहा है। दर्द कहाँ है...मालूम नहीं। मैं आज फिर कहना चाहता हूँ...मैं भी चलूँगा। लेकिन फिर वही आवाज़ सुनाई दे रही है...यह क्या पागलपन है...यहाँ कौन रहेगा...!

मैं कहता हूँ '...बाबा !...दर्द है.... ?'

वे आँखें खोलकर मुझे देखते हैं...पहचानने की कोशिश करते हैं। अब आवाज़ बिल्कुल साफ़ है '...चलन...चहत...मम जीवन...नाथा !'

...मैं कोठरी से बाहर आ गया था। बाहर ख़ामोशी थी। मैंने चलना शुरू कर दिया था। सामने एक मकान था जो पक्का हो गया था। कुछ औरतें उपले पाथ रही थीं। बच्चे घूरे पर खेल रहे थे। कुत्ते भोंक रहे थे। लोहार की धौंकनी

चल रही थी। नंगा मज़दूर घन पीट रहा था। गलियारे ख़ाली थे। मैं बैदराज की चौपाल के सामने खड़ा था। चबूतरे पर धूप थी। मैं कहता हूँ, 'पाँयलागी महाराज !'

बैदराज आशीश देते हैं। बीमार का हाल पूछते हैं। क्या कहूँ मैं ? पहले से ठीक हैं ? मैं कहता हूँ, 'जब से आया हूँ...बोलने लगे हैं...!'

बैदराज चुप हैं...फिर कहते हैं, 'बेटा !...हम बहुत छोटे लोग हैं...क्या बताएँ ! मुला इतना कहते हैं...कि सेवा का यही टैम है। टैम फिर नहीं आएगा।...प्रभु चाहेगा...तो जाते प्रान लउट आएँगे। कोई बड़ी बात नहीं है...!'

मैं बैदराज की तरफ़ देखता हूँ। फतुही पहने घमा रहे हैं। अब वैसे नहीं रहे। मिर्जई और चमरौधा पहनते थे...घोड़ी पर चढ़कर हरगंज जाते थे। अब कंधे झुक गए हैं...चेहरे पर झुर्रियाँ उभर आई हैं। पीछे दुकान वैसी ही है। दवाई देते हैं...पत्रा बाँचते हैं...आटा दाल गुड़ की डिलैया भी धरे हुए हैं।...मैं पूछता हूँ, 'बीमारी क्या है ?...आपने तो देखा है...!'

बैदराज सूखे चेहरे को सिकोड़ते हैं। कहीं बहुत तकलीफ़ हो रही है। '...बीमारी ?...बीमारी कुछौ नहीं है। टैम है। टैम बीमारी बन जाता है...टैम बुढ़ापा बन जाता है...टैम गरीबी बन जाता है। टैम...सब बातें एक साथ बन जाता है।...समझ गए बेटवा। हम जब देखा था.. हालत बहुत खराब थी।...खराब क्या थी...बोल बंद था...बस खतम थे।...इतना लम्बा खींच ले गए। अब तुमको देखके बोलने भी लगे हैं। प्रभु पर भरोसा रखो...ठीक हो जाएँगे...।'

बैदराज खाँसते हैं। रुक कर कहते हैं, 'ठीक तो ये हो जाएँगे...मुला एक बात याद रखना। तुम इनको हियाँ छाँड़ि के चले गए...तो फिर इनके काल को कोऊ टाल नहीं सकता...।' फिर खाँसते हैं। '...इनको अपने साथ ले जाओ भैया ! जन्मदाता के रिन से कभी उरिन नहीं हो सकते...।'

बैदराज के पास बहुत सी बातें हैं। माता...पिता...धर्म...नीति... ईश्वर...माया...मोह। मैं उनके बूढ़े चेहरे की तरफ़ देखता हूँ। यह चेहरा हमेशा अकेला रहा है। मेरे सामने कई तस्वीरें गुज़रती जाती हैं। सिर्फ़ एक

घोड़ी है। बैदराज खेतों और बाग़ों में भाग रहे हैं। घोड़ी इधर भागती है...बैदराज इधर दौड़ते हैं। घोड़ी उधर भागती है...बैदराज उधर दौड़ते हैं। दिन भर खेल चलता है। खेत, खलिहान और बाग़ पीछे छूटते जाते हैं। घोड़ी भागती चली जाती है। अब बैदराज थक गये हैं। हाँफ रहे हैं। गिर जाएँगे। घोड़ी रुक जाती है। अब नहीं भागेगी। बैदराज हाँफकर घोड़ी से लिपट जाते हैं। अब दोनों लौट रहे हैं। सारा गाँव देख रहा है।...

'जीवन यही है। जो दु:ख है...भोगना पड़ता है। जन्म...मरण से...मुक्ति नहीं है।...हम लोग...।'

मैं देख रहा हूँ...सारा गाँव देख रहा है...घोड़ी मर गयी है...बैदराज लिपट-लिपट कर रो रहे हैं...।

'भगवान कृष्ण ने कहा है नैनं छिन्दंति शस्त्राणि...! जो मर जाते हैं...उनकी आत्मा कभी नहीं मरती। वे कहीं गये नहीं हैं...अब भी यहीं हैं...।'

...मैं लौट आया हूँ। पिता की आँखें खुली हुई हैं। मुझे पहचानने की कोशिश करते हैं। फिर वही टूटती हुई आवाज़ '...कहाँ चले...जाते हो ?...हम...पुकारते...रह जाते...हैं...।'

इस समय होश में हैं। मुझे लगता है कि पहले से बहुत अच्छे हैं। इस समय मेरे दिमाग़ में कई सवाल घूमने लगे हैं। फिर मुझे उनकी आवाज़ सुनाई देती है। '...बड़ा अँधेरा है।...बाहेर...घाम...निकरा है क्या ?...दिन भये...घाम...नहीं देखा...।'

मैं चुप हूँ...लेकिन पूछता हूँ, 'बाबा...कैसी तबियत है ?'

चारों तरफ़ देखते हैं। जानने की कोशिश करते हैं कि कौन बोल रहा है। फिर वही काँपती हुई आवाज़...'तबियत ?...विधि करतब...कछु...जात न जाना...।' थक गए हैं। ख़ामोशी है। लेकिन ख़ामोशी टूट जाती है। '...की तनु प्रान...कि...केवल...प्राना...।'

...रात बहुत जल्दी आ गयी थी। रात के साथ बहुत से लोग आ गये थे। उस समय आवाज़ें बढ़ गयी थीं। बरोठे में पड़ी हुई बूढ़ी दादी राम पियारे को पुकार रही थी। एक वक़्त रुक गया था...अब भी रुका हुआ है। शायद तीस साल हो गये थे...पिता की विधवा बुआ ने देखना बन्द कर दिया था। तीस

साल पहले के चेहरे अब भी चारों तरफ़ घूम रहे थे। चारों तरफ़ अब भी कुछ आवाज़ें थीं। हर नयी आवाज़ पुराने चेहरों में खो जाती थी। पहले सिर्फ़ धुँधले लोग दिखाई देते थे। फिर धुँधलापन बढ़ता चला गया। रह गया एक अँधेरा। अब सिर्फ़ आहटों पर रामपियारे का इन्तज़ार किया जाने लगा। सिर्फ़ एक ख़याल...कि वह यहीं कहीं है...अभी बोल देगा।...बूढ़ी दादी अब भी बोल रही है। '...अरे सुना रे !...काल पड़ा रहै ! खाय-पियै का कुछौ ना मिलै।...सब जने...कंगला बनि गए।...जहाँ जउन मिला...छिनाय-छिनाय के खाय लिहिन।...कच्चे आटा के लोंदा के लोंदा भकर-भकर खाय जात रहैं। रामपियारे ! ...ए रामपियरवा !.. तू कहाँ है रे ? बोलत काहे नाहीं...?'

अब लोगों ने भी बोलना शुरू कर दिया है। झूरा-सूखा तो हर साल पड़ता है...मगर इस साल का बहुत ख़राब है। ज़रा भीतर की तरफ़ जाओ...तो लोग-बाग गोबर से बीन-बीन के दाने खा रहे हैं। कंगलों के ग़ोल फिर छूट रहे हैं। जहाँ जो मिलता है...छीन के खा जाते हैं। बड़ा विकट टैम आया है। एक-एक गैया पाँच-पाँच रुपैया में बिक रही है। गोरू सुखा गये हैं। एक एक हड्डी गिन लो। अकेला जानवर मिल जाता है तो भेड़हा और कुत्ता हमला करते हैं। दो-तीन घंटा में थका-थका के गिरा देते हैं...फिर नोच-नोच के खा जाते हैं।

आग जल रही थी। लोग ताप रहे थे।...ज़मींदार सोहबतसिंह का बेटा मुहब्बतसिंह बहुत होशियार निकला। दो मजूर मर गये। पंदरह घायल हुए। मगर ज़रा नहीं डरा। घर लौटकर नहाया-खाया। इसके बाद सीधे हरगंज अस्पताल पहुँच गया। डॉक्टर लोगों को मुट्ठी में किया और अस्पताल में भरती हो गया। जब थाना गाँव आया तो वहाँ भी ख़ूब मुट्ठी गरम हुई। अब केस क़तल का नहीं बना है...जान जोखिम और हमले का बना है।...'सतरह आदमी हमला किये...मुहब्बतसिंह बचाव में गोली चलाये अउर घायल हो गये...।'

अँधेरे में बैठे हुए लोग नाराज़ भी हैं। '...बड़े बहादुर बनते हैं...दादा के लँगोट पर पहलवानी...! अब जमाना बदल गवा है। कोऊ ना कोऊ मिल जाएगा...!'

आग की दूसरी तरफ़ से आवाज़ आती है।...'हियाँ से तो बच जाएँगे...मुला

ऊपर कोऊ अउर भी तो इंसाफ करै वाला।...हुआँ से कइसे बचेंगे !'

अब आवाज़ें चारों तरफ़ से आने लगी हैं। '...यही मुहब्बत सिंग के बाप थे...सोहबत सिंग। बेगारी मजूरन की मड़ैया की मड़ैया जलाय के राख कै दिया रहैं। ...जब मरे तो अइसा तड़प-तड़प के मरे कि अइसी मउत दुस्मनौ की न होय। सारा रुपिया-पइसा धरा रह गया। यही से कहा है कि ऊपर बइठ के जो सब कुछ देख रहा है...वहि के इंसाफ से बचके कहाँ जाओगे...!'

...अब मुझे मौत से ज़्यादा जिंदगी से डर लगने लगा था। बैदराज ने कहा था '...ठीक हो जाएँगे...अपने साथ ले जाओ...यहाँ छोड़ोगे...काल को कोई टाल नहीं सकेगा।'...मैं बहुत परेशान था। अगर मौत नहीं आयी तो ज़िंदगी बहुत भयानक हो जाएगी। मैं इस जन्मदाता को कैसे ले जाऊँगा...कहाँ ले जाऊँगा...कहाँ रखूँगा। ऋण चुकाने के लिए मेरे पास कुछ नहीं है। मौत के रास्ते से वापस लौटने वाले को लेकर मैं कहाँ जाऊँगा ? मरने के लिए छोड़कर मैं फिर लौट जाऊँगा। और कोई रास्ता मेरे सामने नहीं है।...

उस समय रात बहुत भयानक हो गयी थी। कोठरी के बाहर बैठे हुए लोग जा चुके थे। गुज़रा हुआ समय मुझे बार-बार चलता हुआ दिखाई दे रहा था। बार-बार मुझे लोगों की आवाज़ें सुनाई दे रही थीं जो उस घर से जा चुके थे। मुझे बहन का सूखा हुआ चेहरा दिखाई दे रहा था। बार-बार माँ की गुज़रती हुई छाया का अहसास हो रहा था। मैं छटपटा रहा था और मुझे नींद नहीं आ रही थी। इस समय कोई हलचल हुई थी। पिता ने कराह कर पानी माँगा था। और कहा था '...नहीं...सोओ मत।...हमारे पास बइठो...।'

सिरहाने बैठा हुआ मैं उनकी तरफ़ देखता रहा। दूर कहीं बहुत से सियार एक साथ हुआ रहे थे। उन्होंने पूछा, 'अउर...नहीं आया...कोई ?'

मैंने कहा, 'अभी तक तो कोई नहीं आया है...!'

उन्होंने एक लंबी साँस छोड़ी।...'चलो...अच्छा... है...!'

हम लोगों ने फिर आँखें बंद कर ली थीं। अचानक उन्होंने कहा, 'वहाँ...उस तरफ...हम...कभी नहीं...गये !'

मैंने पूछा, 'किस तरफ़ ?'

कोई जवाब नहीं आया। फिर सियार चिल्लाते रहे और कुत्ते भोंकते रहे।

तब मुझे ऐसा लगा कि मौत से लड़ते हुए अपने पिता के पैरों पर हाथ रख दूँ और कहूँ...पिता ! मुझे थोड़ा समय और दो। थोड़े समय में सब ठीक हो जाएगा। मुझे नौकरी मिल जाएगी। रहने की जगह मिल जाएगी। मुझ पर तुम्हारा ऋण है। मुझे क्षमा करो।...लेकिन ख़ामोशी छायी रही। समय की बात जैसे मेरा मज़ाक़ उड़ाने लगी।

बहुत सी रात गुज़र गयी। फिर एक हलचल हुई। उन्होंने कहा...'ये सब लोग...!' लेकिन ख़ामोशी फैल गयी। लेकिन फिर ख़ामोशी को तोड़कर उन्होंने कहा, 'ये...सब लोग...बार-बार आते हैं।...पहले ...नहीं आते थे...!'

मैंने कुछ नहीं कहा। रात की आवाज़ें उसी तरह गूँजती रहीं। जैसे किसी को पहचान कर उन्होंने कहा, 'कउन ? ...रामधन ! आ गये...! अबकी...दोनों चलेंगे...पच्छिम को।...सब कलेस...मिट जाएँगे !'

मैं अब भी ख़ामोश रहा। माथा गर्म था। रात कितनी बाक़ी है...मुझे मालूम नहीं था। अचानक चीख़कर उन्होंने कहा, 'अम्माँ !...अम्माँ ! तुम आ गयीं... ?' उन्होंने उठने की कोशिश की।

इस बार मैंने पुकार कर कहा, 'बाबा ! ...बाबा !'

वे जैसे जाग गये। साँस तेज़ हो गयी। पथरायी पुतलियाँ यहाँ से वहाँ ताकती रहीं। बहुत थकी आवाज़ में उन्होंने कहा, '...हाँ !'

मैंने कहा, 'क्या हुआ ?...कौन आ गया ?'

हाँफकर उन्होंने कहा, 'कोई नहीं !...पानी...!'

लेकिन कोई छटपटाहट हो रही थी। किसी एक जगह...या हर जगह...कोई दर्द है जो सोने नहीं देगा। रात की आवाज़ें अचानक ख़ामोश हो गयी थीं। उन्होंने आँखें खोल दीं। कहा, 'छोटे...!'

बेबस होकर मैंने कहा, '...हाँ बाबा !'

फिर एक लम्बी चुप्पी फैल गयी। लेकिन फिर आवाज़ आयी...'पचास साल...बाद...सब लोग...आ रहे हैं...!'

बेचैन होकर मैंने कहा, 'कौन लोग बाबा ?'

साँसों को सम्हालने की कोशिश फिर शुरू हो गयी। इसके बाद आवाज़ आयी, '...वही...सब लोग...जो...चले...गये...थे।'

मैंने कहा, 'कैसी तबियत है ?...किसी को बुलाऊँ ?'

हाँफते हुए उन्होंने कहा, '...घबराओ...मत...।...अभी...कुछ... नहीं...होगा !'

सारी रात हम लोग सो नहीं सके। कभी आवाज़ें आती थीं...कभी ख़ामोशी फैल जाती थी। लम्बी ख़ामोशियों के बीच मैं कोई आवाज़ सुनना चाहता था। यह आवाज़ मुझे सुनाई नहीं देती थी। सब लोग सो चुके थे। सिर्फ़ हम लोग जाग रहे थे। कुप्पी जल रही थी। उन्होंने कहा, 'क्या...दिन थे !...हमारे बाप...दिन भर...चार गाँवों का...चक्कर लगा...संझा बखत...लउटते...। झोले में...भटवाँस...कोदों...। हमारी माँ...चक्की पीसतीं। हम लोग...कभी खाते...कभी...ऐसे ही...सो जाते...।' फिर लम्बी साँसें... ख़ामोशी और आवाज़...'मातु बिपति...संगिनि...तैं मोरी...।'

इस समय मैं पैरों के पास बैठ गया था। उन्होंने कहा, 'कउन ?...छोटे ?...सो गये क्या ?...सोना मत।...थोड़ी तकलीफ...अउर।'

फिर रात के साथ कहानी चलती रही।...'हमारी माँ...हमको...बहुत...चाहती थीं।...जो कुछ...जुड़ता...हमको खवातीं...।' फिर एक तेज़ छटपटाहट...फिर वही काँपती हुई आवाज़... 'जिनके...लाड़ घनेरे...तिनके...दुख...बहुतेरे...! ...ओ माँ...!'

दर्द का तेज़ रेला कहीं से आ गया। हर जगह बेचैनी थी। साँसें तेज़ हो रही थीं। लेकिन फिर धीरे-धीरे ख़ामोशी छा गयी। मैंने कहा, 'बाबा...।'

आँखें खोलकर मुझे पहचाना। फिर आवाज. आयी...'माँ-बाप...चले जाते हैं...हम उनको...औलाद में...ढूँढते हैं।...बड़कू !...बड़कू नहीं... आया... ?'

सुबह का उजाला मैंने छप्पर की सेंध में देखा था। पिता ख़ामोश थे। मैं शायद सो गया था। सियाराम की आवाज़ आ रही थी...'भइया।...भइया ! सेंगरिन दाई आयी हैं...।'

रात कुछ नहीं हुआ। मैंने शायद राहत की साँस ली थी।...सियाराम...तेरह-चौदह साल का दुबला-पतला लड़का। धोती खोंसे हुए है।...बहुत पहले मौसी मर गयी थीं। मौसा ने दूसरा ब्याह कर लिया। तब से सियाराम यहीं है। मुझे

बहुत तरस आ रहा है।...

सेंगरिन दाई झुक गयी हैं। मैली धोती और भी मैली हो गयी है। ऊपर मैली च-र ओढ़े हैं। रहे सहे दाँतों पर मैल की परत मोटी हो गयी है। बुझती हुई आँखों में चीपड़ फैला हुआ है। फिर वही ख़याल...वक़्त काफ़ी हो गया है। मैं कहता हूँ, 'पांयलागी दाई !'

दाई की आवाज़ भी काँपने लगी है।...'नीके रहो बेटवा !...तनिक नियरे आओ भइया ! दूर की चीज कम देखात है।...अउर कोऊ नहीं आवा ?'

मैं पास बैठ जाता हूँ। दाई सिर पर हाथ फेरती हैं।...'हिम्मत से काम लेव बेटा ! ...हम का करी ! सेंगर नहीं रहे। हम अकेली रहि गइन। घर गिर गवा। गोंवाड़ा मा रहित है। जइसे-तइसे दिन काटित है।...भैरवा...कबहूँ चिट्ठी भेजत है...कहबूँ नहीं...।'

दाई को लुटिया में दूध है...'महिना भर भया...गइया बियाई है।...थोड़ा तुमहूँ चखि लेव...म्वार पूत...!'

मेरी आँखों में तस्वीरें उभरती हैं। जैसे शीशे को पोंछकर अचानक साफ़ कर दिया गया हो। मैं बार-बार माँ को देखता हूँ।...यह सब कुछ अभी एक बार और होगा। हम लोग एक मरते हुए आदमी की चारपाई के पास एक बार और इकट्ठा होंगे। हम चाहेंगे कि मरने वाला न मरे। लेकिन हमें अपने आपसे डर लगेगा। मरने वाला अगर न मरा तो हम कहाँ जाएँगे ? हम लोग ज़िंदगी की बात करेंगे...लेकिन मौत का रास्ता देखेंगे...क्योंकि हमारे सामने और कोई रास्ता नहीं होगा...।

दाई बता रही हैं, 'मैकुआ...वहै मैकुआ कहार। वहिके लड़िका की हँसुली चल रही है...रात भर हुई गवा।...डागदर के हियाँ जा रहा है। तुमहूँ चले जाओ भइया ! जौन कुछ ह्वै सकै...करो...।'

उस समय धूप मुँडेरों पर आ गयी थी। लोग दिशा-मैदान से लौट आए थे। पाले की परतें अब भी जमी हुई थीं। जो कुछ करना था...मैं कर चुका था। बाहर दहलीज़ पर मैकू खड़ा था। एक मैले कम्बल में लिपटा उसका बच्चा कंधे से लगा था। लम्बा घूँघट काढ़े उसकी औरत पीछे खड़ी थी। मैंने मैकू

के साथ चलना शुरू कर दिया था।

...मैकू...कहारों का छोटा सा लड़का।...काला...नाक बहती हुई। हम लोग गढ़इया में नहा रहे हैं...जमुनिया पर पत्थर फेंक रहे हैं...शिवाले में लुका-छिपी खेल रहे हैं। मैकू चिढ़ा रहा है...लाला लाए गछरी...ललाइन लाईं तेल...लाला पड़ि के सो रहे...ललाइन का लइगा चोर।...मैकू...मझोले क़द का दुबला-पतला आदमी...दो दाँत गिर गये हैं...बालों में सफ़ेदी झलकने लगी है...चेहरा सूख गया है। रात भर सोया नहीं। बच्चा रात भर रोता रहा। रात भर कंधे से लगाए कोठरी में चक्कर लगाता रहा। उसकी मेहरिया तीन रात सोयी नहीं।...खेतों की मेड़ों पर से गुजरते हुए मैंने कहा, 'फिकर मत करो मैकू ! सब ठीक हो जाएगा...!'

लेकिन मैकू मान चुका है कि ठीक नहीं होगा। धरती की तरफ़ देखते हुए कहता है, 'दुई जाते रहे लाला...साल-साल के...!'

इस बात के साथ ही हम लोग ख़ामोश हो गए थे। दूर पीछे उसकी औरत चल रही थी...लम्बे घूँघट में सिमटी हुई। गाँव के मकानों का झुरमुट काफ़ी पीछे छूट चुका था। एक परती ज़मीन थी। किसी जानवर की अधखायी लाश को कुत्ते झँझोड़ रहे थे। कौवों को लाश पर बैठने का मौक़ा नहीं मिल रहा था। तेज़ बदबू चारों तरफ़ फैली हुई थी। लेकिन बदबू से बेख़बर मैकू ने बोलना शुरू कर दिया था।...'हमको इस लड़िका का बहुत मोह है लाला ! दुसरे साल-साल के हुई के गये। यू अढ़ाई साल का हुई गवा। हमको लग रहा था...यू बच जाएगा...।'

हम लोग अब पक्की सड़क पर चलने लगे थे। मैं अब भी उसे समझा रहा था।...सब ठीक हो जाएगा...हिम्मत से काम लो...बीमारी-आरामी लगी रहती है...इलाज होगा...खेलने-खाने लगेगा...।

लेकिन मैकू के पास धीरज नहीं है। कहाँ डॉक्टर...कहाँ इलाज...यहाँ कुछ नहीं है। बच्चे की महतारी खटिया से लग गयी है।...अब यहाँ कुछ नहीं धरा है। सुकुलों के घर के बरतन-भांडे माँजो...नहीं तो खेतों में मजूरी करो। असामियों के हाथ ख़ुद ख़ाली हैं। क्या ख़ुद खाएँगे और क्या तुमको खवाएँगे। ज़माना बहुत ख़राब है !...एक बड़े शहर का नाम लेता है।...'दुई

बरस हुआँ रहे हम। कम से कम इतना हता कि पेट भर लेते थे और थोड़ा बहुत बचाय के हियाँ भेज देते थे।...मुला हमारी मेहरिया बहुत खराब है। कहती है...जो अबकी गए...तो हम कुइयाँ में कूद के जान दै देंगे...।'

अब हम वहाँ पहुँच जाते हैं जहाँ कभी नहर का काम शुरू हुआ था...मगर बीच में छोड़ दिया गया। अब मैकू मुझे तसल्ली दे रहा है।...'बाबा की तबियत अब पहले से ठीक लगती है। फिकर न करो...सब ठीक हुई जाई।...बुढ़ापे का सरीर है...थोड़े में इधर...थोड़े में उधर। मुला अब तुम आ गए हो लाला... सब ठीक हो जाएगा...।'

एक दूसरे को दिलासा देते हुए हम उन रास्तों पर चलते गए जहाँ सब कुछ अधूरा छूट गया था। उसका बच्चा कभी रोने की कोशिश करता था...लेकिन आवाज़ नहीं निकलती थी। मैले घूँघट में एक औरत उसी तरह चलती रही। तब पत्थरों और गिट्टियों के ढेर के बाद हम लोग वहाँ पहुँच गए जहाँ ब्लॉक का दवाख़ाना था।

मुझे लगा कि यह दवाख़ाना नहीं, फ़ैमिली प्लानिंग के प्रचार का अड्डा है। दीवारों पर नारे लिखे हुए हैं। लम्बी ख़ामोशी के बाद अचानक शोर है। चिथड़ों में लिपटे बच्चे रो रहे हैं। मैली धोतियों में लिपटी औरतें उन्हें चुप करने की कोशिश कर रही हैं। दूर-दूर से आए हुए मरीज़ फ़र्श पर लेट गए हैं। गंदे बुरक़ों में छिपी औरतें उँघ रही हैं। रात कहीं फ़ौजदारी हुई थी। घावों पर ख़ून जम गया है। हथकड़ियाँ लगी हुई हैं। सिपाही लोग भी ऊँघ रहे हैं।

इस दवाख़ाने को मैंने पहले नहीं देखा था। बरई गाँव में पहले भी पचास साठ घर थे। ब्लॉक का ईंटों वाला यह मकान पहले नहीं था। अन्दर लकड़ी का कठघरा है...जैसा अदालतों में होता है। शीशियों में लाल और हरे रंग की दवाइयाँ हैं। मैकू शिकायतें कर रहा है। सब लोग पैसे खा जाते हैं। दवाइयाँ कहाँ जाती हैं...मालूम नहीं। सब जगह चोर ही चोर हैं। मरो कि जियो...किसी को फिकर नहीं।

इस समय मैकू का बच्चा चिंचिया रहा है। औरत की आँखें फूली हुई हैं। बार-बार सिर्फ़ एक आवाज़...'म्वार पूत...म्वार पूत...!' लेकिन एक छाया गहरी होती जा रही है। वह औरत रो चुकी है। शायद और भी रोने के लिए

तैयार है। कहीं कोई बेंच ख़ाली नहीं है। बहुत से बच्चे रो रहे हैं। बहुत से मरीज़ कराह रहे हैं। कम्पाउंडर मरीज़ों को लगातार डाँट रहा है। बड़ा डॉक्टर कभी-कभी आता है। मैं छोटे डॉक्टर के पास खड़ा हो जाता हूँ।

हाथीपाँव का मरीज़ समझता नहीं। डॉक्टर समझाना चाहता है...इसका कोई इलाज नहीं है।

मैं कुछ कहता हूँ। मुझे मालूम नहीं मैं क्या कह रहा हूँ। शायद मैं गिड़गिड़ा रहा हूँ। या बता रहा हूँ कि मरीज़ की हालत कितनी ख़राब है। मुझे अपनी आवाज़ ख़ुद सुनाई नहीं देती। लेकिन छोटा डॉक्टर मेरी बात समझ गया है। गाँव का नाम...आदमी का नाम...लिख लेता है। जीप मिल गयी तो आएगा...इसके बाद उसके पास समय नहीं है।

इसके बाद चीख़ें और कराहें छूट जाती हैं। थूक...बलग़म...ख़ून...मरीज़...एक दुनिया पीछे रह जाती है। मैं अकेला उन रास्तों से गुज़रता हूँ जो अधूरे छूट गए हैं...जिनके पास परती ज़मीनों पर अधखाये जानवर अब भी पड़े हुए हैं।...

घर में ख़ामोशी है। चूल्हा बुझ चुका है। आँगन में सियाराम बरतन माँज रहा है। बरोठे में बूढ़ी दादी सो गयी है।...अब मैं फिर उस अँधेरी कोठरी में हूँ जहाँ से बाहर निकलने का रास्ता दिखाई नहीं देता। कुप्पी बुझ चुकी है और अब तक कोई नहीं आया है।

इस कोठरी में पहले इतना अँधेरा नहीं था। ऊपर के झरोखों से उजाला पहुँच जाता था। लेकिन अब सब कुछ बदल चुका है। इस तरफ़ सुकुलों की दीवार ऊँची और पक्की हो गयी है। ऊपर कोठा बन गया है। उस तरफ़ भी ऐसा ही हुआ है। मैं अँधेरे की चीज़ों को पहचानने की कोशिश करता हूँ। वहाँ अब भी एक नाँद है...एक टूटी संदूक़ है...एक घड़ा है जो कभी राब से भरा रहता था। बहुत पहले यही सब था। अब भी है। मैं एक बार कहता हूँ, 'बाबा...!' फिर कई बार कहता हूँ, 'बाबा...!'

अँधेरे की आवाज़ फिर शुरू हो जाती है।...'तुम...फिर...चले गए।...हम पुकारते रहे...। कोई आया...?'

कोई नहीं आया। लेकिन मुझे अब भी उम्मीद है। वह आदमी ज़रूर आएगा जिसका हम दोनों को इंतज़ार है। मैं अँधेरे की तरफ़ देखकर कहता हूँ, '...बड़कू जरूर आएँगे...हमको भरोसा है...!'

लेकिन अँधेरा ख़ामोश है। अँधेरा लम्बी साँसें लेता है। फिर आवाज़ आती है, 'नहीं...कोई नहीं...आएगा...हमको...मालूम है...!'

मुझे लगता है कि एक घुटन है जिसमें हम दोनों घुट जाएँगे। मैं कहता हूँ, 'क्यों...क्यों नहीं आएँगे... ?'

मुझे सिर्फ़ लम्बी साँसें सुनाई देती हैं। मैं कहता हूँ, 'तुम...बड़कू के पास से यहाँ क्यों चले आए बाबा ?'

'...बड़कू...!' मुझे लगा कि उनके सूखे ओंठ काँप रहे हैं। एक और लम्बी साँस।...'नहीं...अब...किसीसे...सिकायत नहीं...!

इसके बाद बहुत सी लम्बी साँसें थीं। बहुत लम्बी ख़ामोशी थी। बहुत सी घुटन थी। उन्होंने फिर कहा, '...बड़कू...!' फिर बहुत सी साँसें गुज़र गयी थीं। फिर एक काँपती हुई आवाज़ थी, 'हा रघुनंदन...प्रान पिरीते' ! फिर खामोशी थी। फिर आवाज़...'तुम बिनु...जियत...बहुत दिन...बीते...!'

इस समय मुझे मालूम हो गया था कि क्या हुआ है। शायद एक पुरानी कहानी थी। मौत नहीं आयी थी.. ज़िंदगी भयानक हो गयी थी। इस ज़िंदगी को बड़े भाई ने शायद ठुकरा दिया था...या...मरने के लिए छोड़ दिया था।

मेरी साँस घुटने लगती है। मैं उठकर खड़ा हो जाता हूँ। मैं बाहर जाता हूँ। मैं अन्दर आता हूँ। मेरी बेचैन आत्मा को शांति चाहिए। तमाम बेचैन आत्माओं को शांति चाहिए। मैं कहता हूँ, 'बाबा...रामायण सुनोगे ?'

लेकिन मैं जवाब का इंतज़ार नहीं करता। मैं कुप्पी जला देता हूँ। मैं धीमी रोशनी में मैले पन्नों को पलटता हूँ। मैं ऊँची आवाज़ में कहता हूँ, '...सोहमस्मि इति वृत्ति अखंडा।...दीपसिखा सोई परम प्रचंडा। आतम अनुभव सुख सुप्रकासा...अर्थात् हे मुनिवर ! मै। वही हूँ...एक ही दीपक है जिसका प्रचंड प्रकाश चारों ओर फैल रहा है। जो प्राणी...अपने आपके इस प्रकाश को देख लेता है...अज्ञान और मोह मिट जाते हैं।...हे मुनिवर...!'

मैं चुप हो जाता हूँ।...साँस लेने की कोशिश करता हूँ। मुझे किसी शांति का अनुभव होता है।...वही शक्ति...वही प्रकाश...वही सब कुछ। उसके चरणों में...मुक्ति...शांति...!

मैं सोचता चला जाता हूँ।...हम लोग कुछ नहीं कर रहे हैं...एक आदमी के मरने का रास्ता देख रहे हैं। देरी हमें परेशान कर रही है। हमारी आत्माएँ हमें कचोट रही हैं। हम बेसहारा हैं। हमें सहारे की ज़रूरत है। मैं अपने आप

से कहता हूँ, '...जो चेतन कर जड़ करै...जड़हि करै चैतन्य...अस समरथ रघुनायकहिं...भजहिं जीव ते धन्य...।'

इस समय पिता का कमज़ोर हाथ धीरे-धीरे उठने की कोशिश करता है। मैं चुप हो जाता हूँ...किसी आवाज़ का इंतज़ार करता हूँ। आवाज़ धीरे-धीरे शुरू हो जाती है।...'अम्माँ !...ओ महतरिया...! मरना ही ठीक है...। अउर कोई...रस्ता नहीं...!'

मैं उस पुरानी किताब को फिर पढ़ना चाहता हूँ...लेकिन पढ़ नहीं सकता। पिता कहते हैं, '...हम...किनारे पर...बैठे हैं...छोटे !...मगर...उस तरफ...कुछ दिखता नहीं...बस अँधेरा...!'

मैं किताब के मैले पन्नों की तरफ़ देखता रहता हूँ। कुप्पी की पीली लौ हिलती रहती है। आवाज़ फिर शुरू हो गयी है।...'बाबूलाल...कहता है...मर गए...सब खतम...कहीं कुच्छ नहीं।...सरग...नरक...पुनरजनम...कुच्छ नहीं।...जौन कुछ है...हेईं है। ...हमने कहा...जो अइसा है...तो...हम लोग...कहाँ जाएँगे...केहिके सहारे...जिन्दा... रहेंगे ?...नहीं...हमसे...अइसी बात...न कहो बाबूलाल... !'

बहुत देर बाद मैं कहता हूँ 'बाबा...जी कैसा है ?'

लम्बी साँसों के बीच अब एक और लम्बी साँस है।...'रामधन...चले गए। ...जगन्नाथ...चले गए।...छोटे !...हमारा भी...चला-चली का...बखत...! क्या होगा...क्या बनेंगे... ? गाय...गोरू...कीड़ा...मकोड़ा...चौरासी लाख...योनी...!'

मैने कहा, 'बाबा...रामायण बाँचें ?...गीता ?...मन को थोड़ी शांति...!'

लेकिन पिता बहुत बेचैन हैं। इधर हिलने की कोशिश करते हैं...उधर हिलने की कोशिश करते हैं। ख़ामोशी के बीच फिर टूटती सी आवाज़।...'हम...बहुत घिसटे...! लोग...सहर जायके...बहुत...पइसा कमाये।...हमने...कुच्छ नहीं किया।...सबको...बहुत...दुक्ख दिया।... सबको...तुम्हारी माँ...बड़कू...मुनिया...तुमको। ...अब...सब खतम...!'

मैं बेचैन होकर रामायण के पन्ने पलटता हूँ। वे जैसे उठकर बैठ जाएँगे। मैं उन्हें रोक नहीं सकूँगा। मैं सिर्फ़ आवाज़ सुनता रहूँगा।...'हमारा...कुच्छ मत करना।...तेरहीं...बरसी... सराध...कुच्छ नहीं !...बाल मत कटाना।...

हम...भटकते रहें...यही ठीक। ...जनम-मरन से...हमको...मुक्ती...न मिलै...!'

वे थककर चुप हो जाते हैं। मैं उनकी तरफ़ नहीं देखता...एक पुरानी किताब में लगी दीमक की लकीर की तरफ़ देखता हूँ। यह लकीर हिल रही है। मैं ज़ोर से पढ़ता हूँ, '...ईस्वर अंस जीव अबिनासी...चेतन अमल सहज सुख रासी...!'

इस समय बाहर शायद शाम हो गयी है और कुछ लोग लौट आए हैं। घंटियों की आवाज़ शुरू हो गयी है और घरों से धुँआ उठने लगा है। एक लम्बी ख़ामोशी टूट गयी है। बरोठे में लेटी दादी जाग गयी है। एक ठहरे हुए समय में गुज़रे हुए लोगों को पुकारने की कोशिश कर रही है। एक ही कहानी है...जो बहुत पहले हुई थी...अब भी हो रही है। मैं फिर-फिर सुनता हूँ।...'राम पियरवा !...अबकी बहुत दिन बाहेर रहा रे !...हियाँ तो बहुत कुछ हुई गवा।...दुलरिया का बिहाव भा। ससुराल गयी...तो होईं कुइयाँ मा कूदि के मरि गयी।...बिहाव मा हमहूँ गयी रहिन। गउनई भई रहै। हम ढोलकी बजावा रहिन। पण्डिताइन मँजीरा बजावा रहिन। गाय-बजाय के...दुलरिया का कुइयाँ मा डार दिहिन...! सुना रे...राम पियरवा !'

लेकिन राम पियरवा अभी तक नहीं लौटा। बहुत दिन बीत गए। अंधी आँखों में सारी चीज़ें ठहर गयी हैं।.. बाबूलाल लौट आया है। आँगन में अलाव जल गया है। फटे कंबलों में लिपटे लोग बैठ गए हैं। अलाव पर बटलोई चढ़ी है...आलू भुन रहे हैं। सियाराम आग कुरेद रहा है। चेहरे फिर उभरते हैं...ग़ायब हो जाते हैं। आवाज़ें कहीं से आती हैं...कहीं खो जाती हैं।

कोई पूछ रहा है, 'कइसी तबियत है बाबा की ?'

मै चुप हूँ। बाबूलाल ख़ुश है।...'अब तो बहुत ठीक है। आज तो हम से बोले भी थे...।'

कोई कह रहा है, 'सब ईस्वर की मरजी है...!'

फिर कोई और कह रहा है, 'ईस्वर भी है...अउर अपना कर्म भी है।...दोनों चीज़ होता है...।'

अब अँधेरा ज़्यादा हो गया है...अलाव की लपटें काफ़ी तेज़ हो गयी हैं। लोग ईश्वर की चर्चा कर रहे हैं। मैं चुपचाप लपटों की तरफ़ देख रहा

हूँ। किसी कोने में कोई बोलता जा रहा है।...'कहाँ है ईस्वर ? कलजुग में कोई ईस्वर-फीस्वर नहीं है। हम तो यू देखा है कि जो आदमी जेतना ईस्वर पर विस्वास करता है...ऊ ओतना दुख भोगता है...।'

थोड़ी देर तक सन्नाटा है। फिर कई लोग एक साथ बोलते हैं। कोई न कोई शक्ति तो है...मानना पड़ेगा। लेकिन कोने से फिर वही आवाज़ आने लगती है।...'दूर काहे जाते हो...अपने जगहर को देखो। बहुत पूजा-पाठ किया...बहुत दुख भोगा। दाना-दाना को मोहताज हो गया। मुला अब ? अब जहाँ भगवान का फोटू देखता है...चप्पल निकार लेता है...थूक के पटापट मारता है फोटू को। अब बहुत मजे में है। हरगंज कचहरी में नौकर है। दुई-तीन सौ रुपैया पीट लेता है...दारू छानता है...मौज करता है। कहता है...अइसी-तइसी ईस्वर की...।'

एक सन्नाटा है। आवाज़ फिर शुरू हो जाती है।...'जो जेतना बेईमानी करता है...ऊ ओतना फलता-फूलता है। दूर काहे जाते हो...हेईं देख लेवे...अपने ही गाँव माँ...!'

फिर सन्नाटा है। लेकिन अब दूसरे सिरे से कोई बोलना शुरू कर देता है।...'नहीं भाई ! हम तो देखा हूँ कि भगवान् है। ...हम सच्चे दिल से वरदान माँगा...हे ईस्वर...हमरे किसनू को कहूँ काम मिल जाए।...बालापुर में चपरासी हुई गवा किसनू।...तलब नहीं बढ़ती थी। हम फिर सच्चे दिल से कहा...हे भगवान्...हमारा उद्धार करो।...किसनू की तलब बढ़ गयी। हमारी जमीन का मामिला था...! नहीं भाई ! कोई ना कोई सक्ती है...ई तो मानना पड़ेगा...!'

इस समय मुझे लगा था कि मैं बहुत थक गया हूँ...वहीं बैठ-बैठे सो जाऊँगा।...आवाज़ें बहुत दूर पर सुनाई देने लगी थीं और तस्वीरें लगातार गुज़र रही थीं।...हम लोग भाग रहे थे...हम लोग रुक गये थे। कहीं गाँव थे...कहीं शहर थे। लेकिन हम लोग भाग रहे थे। कभी रुक जाते थे...और फिर भागना शुरू कर देते थे। हमारा दम फूल गया था...हमारे जिस्म के टुकड़े हो गये थे...लेकिन हम अब भी भागते चले जा रहे थे।...फिर हमारे सामने कोई नहीं था। ख़ामोशी थी...अँधेरा था। हम एक दर्द को उठाने की कोशिश कर रहे थे। वह उठ नहीं रहा था।...

इस समय कोई आवाज़ दे रहा था और मैं समझने की कोशिश कर रहा था कि मैं कहाँ हूँ। आवाज़ें धीरे-धीरे लौट आयी थीं। कोई मुझे बार-बार पुकार रहा था। मैंने आँखें खोली थीं। शायद रात काफ़ी गुज़र गयी थी। अलाव की लपटें ख़त्म हो गयी थी। कोई मुझे झकझोर कर कह रहा था...'उठो...देखो बाबा कइसा कर रहे हैं।...हालत ठीक नहीं...!'

लड़ाई शुरू हो चुकी थी। बाबा छटपटा रहे थे। साँसें मुश्किल होती जा रही थीं। कुप्पी जल रही थी। चारों तरफ़ अँधेरा था। मैंने कहा, 'बाबा !...बाबा !'

आँखें कुछ देर के लिये ठहर गयीं। आवाज़ टूट रही थी उन्होंने कहा, '...बहुत...तकलीफ...! न...आगे...जा पाते...न...पीछे...!' फिर साँसें। फिर टूटती हुई आवाज़...'कोई...कोई...आया...?'

मुझे मालूम था...आवाज़ किसके लिए थी। कोई नहीं आया। मैं लगातार चेहरे की तरफ़ देखता रहा। कुछ लोग फुसफुसा रहे थे। कुछ बाहर चले गये थे। किसी ने रामायण और गीता की बात कही थी। किसी ने तुलसी-दल गंगाजल का नाम लिया था। किसी ने कहा था...हाथ-पैर ठंडे हो रहे हैं।...साँसें मुश्किल होती जा रही थीं। आँखें बेबस थीं। आवाज़ फिर आयी...'बड़कू...!... बड़कू...! बेटा...हमको...बचाय लेव।...हमको... बचाय...लेव बड़कू...!'

किसी ने कहा, 'बाबा...राम बोलो...राम...राम...राम...राम...!'

लेकिन आँखें उसी तरह ताकती रहीं। किसी ने फिर और ज़ोर से कहा, '...बाबा...राम बोलो...राम...राम...राम...!'

बाबा ने कुछ नहीं कहा। फिर कोई और ज़ोर से बोला। लेकिन कोई आवाज़ नहीं आयी। आँखें उसी तरह ताकती रहीं। दूर सियार हुआते रहे। अचानक बाबा की टूटती आवाज़ उठने लगी...'खिड़की...खोलो।...हमारा... दम...घुटता...है...!'

लेकिन वहाँ कोई खिड़की नहीं थी। किसी ने कुछ उठा लिया था और हवा करने लगा था। बैदराज आ गये थे...नब्ज़-छाती टटोल रहे थे। एक आख़िरी आवाज़ और आयी थी...'हमको... बचाय...लेव...!'

किसी ने फिर कहा था...'बोलो...राम...राम...राम...!'

लेकिन वक़्त गुज़रता गया था। कुप्पी जल रही थी। छोटी चीज़ें भी बहुत दूर चली गयी थीं। हम सिर्फ़ देख रहे थे। मरता हुआ आदमी पूरी ताक़त लगाकर साँस को खींचने की कोशिश कर रहा था। जिस्म का एक-एक हिस्सा हिल रहा था। आँखें खुली हुई थीं। पुतलियों में हलकी हलचल थी। किसी ने कहा था...'जमीन पर उतारो !'

अब एक नंगी धरती पड़ी हुई है। एक आदमी बोलता चला जा रहा है...'यत: परबत्तिर भूतानाम येन सर्वमिदं ततम...परमेश्वर से संपूर्ण प्राणियों की उत्पत्ति है...समस्त जगत व्याप्त है...उसकी पूजा परम सिद्धि है...।'

अब लड़ाई बहुत तेज़ हो गयी है। मरता हुआ आदमी हार नहीं मानेगा। टूटती हुई साँसों को टूटने नहीं देगा। हर हालत में एक एक साँस...ज़रूर खींचेगा...ज़रूर खींचेगा।...आवाज़ें भयानक होती जा रही हैं। कोई चीज़ साँसों से टकरा रही है। खड़खड़ाने की आवाज़ सुनाई दे रही है। साँसें इस दीवार को तोड़ देंगी। सब कुछ हिलता जा रहा है...काँपता जा रहा है। मरता हुआ आदमी सब कुछ तोड़ डालेगा...साँस को टूटने नहीं देगा ! मौत आगे बढ़ रही है। मुँह और भी ज़्यादा खुल गया है। सारी साँसों को एक साथ समेट लेगा। आँखें फटती जा रही हैं। आवाज़ अब भी आ रही है...'बरम्हम्तह परसन्नात्मा न सोचति न कांछति...बरम्ह में लीन जोगी न सोक करता है...न इच्छा करता है...मेरी भगती करता है...।'

इसके बाद अँधेरा फैलने लगा है। आवाज़ धीमी होने लगी है। खुला हुआ मुँह धीरे-धीरे बन्द होता जा रहा है। आँखें फटती चली जा रही हैं। मुझे मालूम हो गया है...मुँह बन्द हो जाएगा...सब कुछ ख़त्म हो जाएगा। मैं चिल्लाता हूँ...'बाबा ! ...बाबा...!'

लेकिन मुँह बन्द होता चला जाता है। कोई चीखता है... 'गंगाजल... तुलसी...!' कोई कह रहा है...'बोलो राम...राम...!' कोई अब भी पढ़ता जा रहा है...'हे अर्जुन...कर्मयोगी...संपूर्ण कर्मों को करता हुआ...परमपद प्राप्त करता है...सनातन...अबिनासी...!'

मुँह आख़िरी बार बंद हो रहा है। बहुत सा पानी निकल कर मुँह के

किनारों पर बह रहा है। बहुत दूर से मैं पुकारता हूँ...'बाबा !...बाबा...!'

एक पल...मरता हुआ चेहरा जाग उठता है...पुतलियाँ हिल जाती हैं। फिर सब ख़ामोश हो जाता है। आँखें टँग जाती हैं। मरी हुई आँखों के आँसू कनपटी पर बहने लगते हैं। कुछ और लोग पुकारते हैं...'बाबा...!' लेकिन चारों तरफ़ ख़ामोशी है। हम सियारों के हुआने की आवाज़ें सुन रहे हैं। कोई अब भी कह रहा है...'हे अर्जुन...सब कर्मों को...मुझमें अर्पण कर...मेरी कृपा से...समस्त संकटों के...पार जाएगा...हे अर्जुन...!'

इस समय कुछ पल सन्नाटा हो गया। हमने थोड़ी देर सिर्फ़ सियारों के हुआने की आवाज़ें सुनी थीं। इसके बाद कुछ लोग बाहर चले गये थे और कुछ लोग अन्दर आ गये थे। मैंने मरे हुए आदमी की आँखों की तरफ़ देखा था। वे अब भी ऊपर दूर पर कुछ देखने की कोशिश कर रही थीं। लेकिन इसी समय कुछ लोगों ने उन आँखों को बंद कर दिया...हाथ सीधे कर दिये...पैरों को एक दूसरे से जोड़ दिया...सारे जिस्म पर एक मैली चादर डाल दी। सिर के पास मिट्टी का एक दीया रख दिया...कुछ अगरबत्तियाँ जला दीं।

उस समय मैं रोया नहीं था। मुझे लगा था कि पल भर में ही बहुत से लोग वहाँ आ गये हैं। कोठरी में झाँकते हैं...बाहर बैठ जाते हैं। सिर्फ़ कुप्पी जल रही थी और आवाज़ें अब भी गूँज रही थीं। मैंने एक बार चादर हटायी। लाश का माथा अब भी गर्म था। साँसें ख़ामोश थीं। सब कुछ वही था...लेकिन सब कुछ बदल गया था। मुझे लग रहा था कि मैं पैरों पर झुक जाऊँ।...यहीं...इसी घर में हम कहाँ से कहाँ पहुँच गये थे। हमने रेंगना शुरू किया था। हम रेंगकर गलियारे में आये थे। गलियारे से कच्ची सड़क पर पहुँच गये थे। कच्ची सड़क हमें दूसरी सड़कों के पास ले गयी थी। हमने हमेशा यही सोचा था कि सब कुछ ठीक हो जाएगा...हम हमेशा के लिए लौट आएँगे। लेकिन...!

बाबूलाल ने अन्दर आकर सहारा दिया। मैं उठकर खड़ा हो गया। आँगन में लालटेन जल रही थी। कायथों और बाम्हनों के टोले से लोग आ गए थे। सरदी शायद तेज़ हो गयी थी। अलाव फिर जल गया था। कच्ची दीवारों के साये हिल रहे थे। बरोठे में बूढ़ी दादी चिल्ला रही थी।... 'का भा...? बोलते काहे नाहीं ?...रामपियरवा !...अरे बोल रे...का हुई गवा ?'

लेकिन अचानक समय बहुत आगे बढ़ गया था। किसी ने कहा था, 'धीरज से काम लेव भइया ! ...तनिक यू बताय देव कि खबर कहाँ-कहाँ जाएगी ? रामपरसाद अबहिं जाय के तार करि आएगा...।'

लेकिन अँधेरे में किसी ने कहा था, 'तार किये से अब का फायदा ! कब पहुँचेगा...कब रवाना हुईहैं...तब तक सब स्वाहा हुई जाई। आना होता तो अबै तलक आ न जाते !'

अब कई फुसफुसाहटें एक साथ शुरू हो गयी थीं।...पहुँचे कि न पहुँचें...तार करना हमारा काम है। रामपरसाद को दउड़ा देव। सियारमवा का भी पठाय देव। मैयत का सामान भी आ जाएगा। जउन होना था सो हुई गवा। जनम-मरन पर मनुस का बस नहीं।...बैदराज मेरी पीठ पर हाथ फेर रहे हैं।...'नाहीं भइया ! यह में रोने की कउन बात !...सब कुछ तो ठीक भया! उत्तम छत्री कुल में जनम पाया। पूरी उमिर जिये। अपनी देहरी पर प्रान त्यागे। तुम से मिल बोल लिये। सब बात ठीक भई... ?'

सभी लोग यही कह रहे हैं। रोने की कोई बात नहीं। सब कुछ ठीक हो गया है। और जीते तो बेकार कष्ट भोगते। मुक्ति हो गयी...यही अच्छा हुआ। यह दिन सबको देखना पड़ता है। नियम है। राजा दशरथ और भगवान् रामचन्द्र नहीं बचे। किसी का बस नहीं। अब बस तैयारी करो। बड़ी पहट मिट्टी उठ जाए। कहा है कि जवान बेटी...कर्जा...और मैयत...इनको जितना जल्दी निकाल सको...निकाल दो। यही समय था। पारसाल दो मौतें हुई थीं। यह महीना बहुत ख़राब है। हर साल कुछ न कुछ होता है।...

फिर सन्नाटा छा गया। बहुत से लोग चले गए। गीता और रामायण की आवाज़ें बंद हो गयीं। अलाव भी ख़ामोश हो गया।

सारी रात मैं लाश के पास बैठा रहा। किसी ने कहा था...थोड़ी देर सोय लेव। लेकिन मैं सो नहीं सका। सारी रात छायाएँ गुज़रती रहीं।...या शायद मैं सो गया था। या कहीं बहुत पीछे पहुँच गया था।...

एक शहर की टिमटिमाती बत्तियों के बीच किसी ने दरवाज़ा खटखटाया था। बाबा सामने खड़े थे। मैंने कहा, 'बाबा...कब आये ?...भीतर आओ !'

बाबा ने अंदाज़ से देखकर कहा, 'अभी चले आ रहे हैं...'

यह एक शाम थी जो गुज़र रही थी।...यह आदमी अचानक बहुत बूढ़ा हो गया है। निगाह कमज़ोर हो गयी है। आँखों पर बहुत मोटे शीशे...कानों पर डोरी लटक रही है। आवाज़ के सहारे देखने की कोशिश। मैं चुपचाप देख रहा हूँ। अभी तक वह वक़्त नहीं आया जिसके लिए हमने चलना शुरू किया था...मान रखा था कि वह ज़रूर आएगा। एक आदमी अब बीच से ही छूटने लगा है।...मैंने कहा, 'बाबा...क्या बात है ?'

एक अँधेरी कोठरी की फटी चटाई पर हम लोग लेट गए थे। बड़े शहर की रात चारों तरफ़ फैली हुई थी। बाबा ने कहा, 'छोटे...अब निगाह काम नहीं करती है।...यहाँ अपरेसन हो जाए...तो एक बार फिर सुरू करें...!'

मैं ख़ामोश रहा। लेकिन फिर मैंने पूछा, 'क्या शुरू करें बाबा ?'

पथराई आँखों से कुछ देखते रहे। फिर बोले, 'जिन्दगी...अउर क्या !...कुछ काम-धंधा ढूँढेंगे। अभी इतने अपाहिज तो नहीं भये हैं। जब तक लड़ सकते हैं...लड़ेंगे...!'

उस समय उस कोठरी में और भी बहुत से लोग सोये थे। हमें जल्दी जागना था। मेरी आँखें में नींद नहीं थी।...शायद यह सही थी। हम लोग बहुत धीरे-धीरे बहुत दूर चले गये थे। मैं चाहता था कि आदमी मुझसे पूछे...मेरा काम कब लगेगा...कितने रुपए मिलेंगे...रहने की जगह कहाँ होगी...। लेकिन उसने कुछ नहीं पूछा। सारे सवालों के जवाब जैसे पहले से ही साफ़ थे। हर जगह ठहर कर उसने सिर्फ़ इतना कहा कि फिर एक शुरुआत होगी। जो ख़त्म हो गया है...वह ख़त्म नहीं हुआ है। आँखें ठीक हो जाएँ...लड़ाई फिर शुरू होगी। हारकर मैंने पूछा, 'बाबा...ऐनक से भी कुछ नहीं दिखता ?'

अब दम लेने की ज़रूरत थी। बाबा ने कहा, 'दिखता है...ऐसे ही... सफ़ेद...सफ़ेद। घाम में बहुत तकलीफ़ होती है। सड़क के किनारे एक आदमी बइठा था। बड़ी मुस्किल में दो रुपैया में यह चस्मा दिया। अउर पइसा नहीं था हमारे पास...।'

मैं ख़ामोश था।...क्या सचमुच नयी लड़ाई की तैयारी हो रही है ? शायद यह सही है। हम अब तक सारी लड़ाइयाँ हार चुके हैं। लेकिन जब आँखें ठीक हो जाएँगी...हम फिर लड़ना शुरू कर देंगे। हमें अब भी उम्मीद है। कोई

आएगा। हमारा सब कुछ ठीक हो जाएगा।

नींद अब भी नहीं आ रही थी। बाबा ने कहा, 'जब हमारे बाप जिन्दा थे...।...हम सोचते थे...हम कुछ करें...इनको छुटकारा दें।...कुछ नहीं हुआ। देखते-देखते सब चले गए।...लेकिन हम...हम अभी मरेंगे नहीं...।'

मैं इस समय एक पतली लकीर देख रहा था। क्या हम लोग एक ही रास्ते के दो सिरों पर खड़े हैं ? यह सही है। मुझे भी इस सिरे से चलकर शायद उस सिरे पर पहुँचना होगा जहाँ बाबा खड़े हैं। हम लोग इसी तरह एक सिरे से चलकर दूसरे सिरे पर पहुँचते जा रहे हैं। लेकिन लड़ाई ख़त्म नहीं हुई। हम इसी तरह लड़ाई को आगे बढ़ाते चले जाएँगे।...अँधेरे में आवाज़ देकर मैंने कहा था, 'बाबा...फिकर मत करो। तुम्हारी आँखें ठीक हो जाएँगी !'...

इस समय मैंने आँखें खोल दी थीं। मैं वापस लौट आया था। वहाँ और कोई नहीं था। सिर्फ़ कुप्पी जल रही थी। लाश के पास मिट्टी का दिया जल रहा था। अगरबत्तियों का धुँआ चारों तरफ़ फैला हुआ था। लाश वैसी ही पड़ी हुई थी।.. मैंने चादर हटा दी। आँखें बंद थीं और और सारा जिस्म सो गया था। अब माथा भी ठंडा हो चुका था। कहीं कोई गरमी बाक़ी नहीं थी।...देर तक मैं उस चेहरे को देखता रहा जिस पर होकर बहुत सी तस्वीरें गुज़र गयी थीं। देखते-देखते यह जिस्म मुरझा कर बूढ़ा हो गया था। अब आख़िरी मंज़िल भी गुज़र चुकी थी। बाक़ी रह गयी थी एक मैली धोती...एक बंडी...एक थैली...एक लकड़ी...पोटली...चुनौटी...तमाखू !...मेरा दम घुटने लगा था। मैं कोठरी से बाहर निकल आया था। दालान में सियाराम...बाबूलाल और कई लोग ऊँघते-ऊँघते सो गए थे। आँगन के बुझे अलाव के पास दो कुत्ते दुबके हुए थे। ऊपर आसमान पर तारे ही तारे छिटके थे।...मुझे लग रहा था...अब सब ठीक हो गया है...अब कुछ अधूरा नहीं छूटा है...कुछ पूरा नहीं हुआ है...।

धीरे-धीरे सुबह हो गयी थी। पाले की सफ़ेद परतों पर धूप फैल गयी थी। रामभरोसे ने कहा था, 'जउन हो गया उसको कउन मिटा सकता है ! मुला अब आगे का करतब भी तो करना पड़ेगा...!'

बाबूलाल ने पूछा था, 'रुपैया-पइसा कितने हैं तुम्हारे पास ?'

बैदराज ने कहा था, 'यही आख़िरी है। यहि के बाद तो बाबा तुमसे कुछ

माँगेंगे नहीं। जउन कुछ हो सकता है...कर डारो !'

हम लोग लाश के पास बैठकर फुसफुसा रहे थे जैसे कोई जाल रच रहे हों। लोग हिसाब लगा रहे थे। 'जादा तामझाम की जरूरत नहीं। कफन के लिए सादा कपड़ा आएगा। बाँस... हँड़िया...रस्सी। खील...लाही...फूल...ऊदबत्ती। राल...नमक। थोड़ा घी...देसी न हो तो वनस्पति ही सही। थोड़ा मिट्टी का तेल भी रख लेना। और कुछ रेज़गारी भी चाहिए। कुछ तो दान-धरम किया जाएगा। मट्टी को गंगा ले जाएँगे। आखिरी स्नान गंगा में होगा। नाऊ और महाबाम्हन वहीं मिल जाएँगे। बाल उतरवा देना। फूल वहीं सिरा देना। जउन कुछ दान-दच्छिना हो सके...कर देना। और तो कुछ साथ जाता नहीं है...दिया-लिया ही जाएगा। आत्मा को मुक्ति मिल जाए...और तुमको क्या चाहिए ! बहुत चाहते थे तुमको। जन्मदाता थे न ! उनकी आत्मा यहीं भटकेगी। तेरहीं पर तेरह बाह्मन जिमा देना। पिंडदान वहीं गंगाजी पर कर देना। सीधा निकाल देना। मनुस के हाथ में और है क्या ! जो कुछ है...वही करे....यही बहुत है।'

इस समय मैंने अचानक अपने आपको बहुत अकेला महसूस किया था। मैंने लाश की तरफ़ देखा था। क्या पिता सब कुछ सुन रहे हैं ? क्या उठकर कहेंगे कि उसको छोड़ दो...वह अभी छोटा है...हम आ गये हैं।...लेकिन लाश उसी तरह पड़ी रही। बैदराज कह रहे थे, 'जइसे ही खबर गयी...बड़े सुकुल खुद आये थे। पूछपाछ के चले गये। कह रहे थे कि जौन कुछ चाहिए... माँग लेना...संकोच मत करना।...तुम हियाँ भीतर थे...नहीं तो तुमसे भी कहते...!'

मेरे पास बहुत कम रुपये थे। जब तार मिला था तो कुछ भी नहीं था। इसके बाद यहाँ-वहाँ से माँग कर जमा किए थे। जो कुछ था...आगे रखकर मैं लाश के पैरों पर झुक गया था। इस समय किसी ने कहा था, 'इनको अपने पास ही धरो। बाद में हिसाब हो जाएगा...।'

इस समय पहली बार मैं फूट-फूट कर रोने लगा था। लाश के पैर मेरे आँसुओं से भीग गए थे। सब लोग चले गए थे। मैं बार-बार चारों तरफ़ देख रहा था। कहाँ है आत्मा ? कहाँ भटक रही है ? मैं उससे बोल क्यों नहीं सकता ?...रात भर मैं पिता की लाश के पास बैठा रहा था। फिर वहीं सो गया था। सोते-सोते मैंने बहुत से सपने देखे थे। इन सपनों में कोई मरा नहीं था। सब

लोग ज़िंदा थे। सब लोग ख़ुश थे। लेकिन इसके बाद ही आँख खुल गयी थी। मौत मेरे सामने थी। पिता की लाश बिल्कुल सख़्त हो गयी थी। अचानक मुझे लगा था कि मेरा काम ख़त्म हो गया है। मुझे वापस लौट जाना चाहिए।...

बाहर से आवाज़ों का आना शुरू हो गया था। बैदराज कह रहे थे, 'थोड़ा ठहर जाओ। साइत बड़कू आ जाएँ। मट्टी को उनका भी हाथ लग जाता...।'

बाबूलाल ने कहा, 'अब कोई न आएगा...!'

सिवचरन बोला, 'ग्यारा की बस निकरि जाय देव। यहि के बाद निकरो।'

लेकिन यह ठीक नहीं माना गया। पाँच कोस पर गंगाजी लगती हैं। पहुँचते-पहुँचते दोपहर हो जाएगी।...लौटते-लौटते साँझ। जाड़े के दिन वैसे ही छोटे होते हैं। इधर मिट्टी रात भर से पड़ी है। ख़राब होने लगेगी। ठहरना बेकार है।

मैं बाहर निकल आया था। आदमी फिर दौड़ा दिए थे। बहुत-सी इधर-उधर की बातें होने लगीं।...रात मैकुआ के बेटवा की तबियत बहुत ख़राब हो गयी थी। साँस उलटी चलने लगी। न डॉक्टर...न बैद। दौड़े-दौड़े गए...हीरामन भगत को जगाया। रात भर झाड़-फूँक चलती रही। उसकी महतारी की हालत देखी नहीं जाती।

इस समय धूप मुँडेरों के नीचे दीवारों पर आ गयी थी। सामान आ गया। खपच्चियाँ बँधने लगीं। सेंगरिन दाई मेरी पीठ पर हाथ फेरने लगीं। बूढ़ी दादी जाग गयी थी...फड़फड़ा रही थी...अंधी आँखों से कुछ देखने की कोशिश कर रही थी। बार-बार पुकार रही थी। किसी ने कहा, 'दादी का बता देव...ठाकुर नहीं रहे। यहै ठीक होगा...!'

बहुत पहले पिता की यह बुआ विधवा होकर ससुराल से चली आई थी। इसी देहरी पर उम्र कट गयी। जवानी बीत गयी। बुढ़ापा आ गया। एक बेटा...राम पियारे...छुटपन में ही कहीं भाग गया...फिर नहीं लौटा। तब से वक़्त ठहर गया। सब तस्वीरें एक जगह जम गयीं। आँखों की रोशनी चली गयी। लोग आए और गुज़र गए। बूढ़ी औरत एक पुराने वक़्त से आगे नहीं बढ़ी।...अब पुकार रही है, 'अरे रामपियरवा !...बतावत काहे नाहीं...का भा ?'

बाबूलाल आगे बढ़ता है...ऊँची आवाज़ में कहता है, 'दादी !...तुम्हार

भतीज...गुज़र गए...नहीं रहे...!'

पल भर सन्नाटा हो जाता है। दादी कहती है, 'कउन ? नन्हकुआ ?... नन्हकुआ नहीं रहा ?'

इसके बाद बूढ़ी औरत अचानक चुप हो जाती है। अंधी आँखें सीध में ताकती रहती हैं। अब रामपियारे को आवाज़ नहीं देती। वक़्त कुछ देर के लिए शायद चलने लगा है।

टिकठी बन गयी है। हम लोग लाश को उठाते हैं। दो आदमी इधर से हाथ दे रहे हैं...दो उधर से।

'सम्हाल के...!'

'पाँव इधर करो...मूड़ उधर...!'

'धीरे...!'

आख़िरी सफ़र शुरू हो रहा है। लाश टिकठी पर रख दी गयी है। बूढ़ी औरत अचानक ही उठने की कोशिश करती है। बाबूलाल दौड़ता है।...'दादी !...सम्हाल के...!'

अब दादी लाश के पास बैठ गयी है। अंधे हाथों को मरे हुए जिस्म पर फेरती है। फिर फूट-फूट कर रोने लगती है...रोती जाती है !...'बेटवा !...अरे तू पहिले चला गा रे !...महिका छाँड़ि गवा !...अरे कोऊ हमका बतावा काहे नाहीं !...म्वार लाल...म्वार पूत...!'

लोग हटाने की कोशिश करते हैं। सूखी झुर्रियों वाले हाथ लाश को नहीं छोड़ते। अंधी आँखों में अब भी पुरानी तस्वीर है। इस बीच आदमी क्या हो गया...उसे नहीं मालूम।...कंडों का धुआँ आँखों में लग रहा है। कोई सम्हाल नहीं पाता बूढ़े जिस्म को। बहुत पहले पिता कहते थे, 'हमारी बुआ बहुत दुख की मारी है। इसको तकलीफ मत होने देना...।' दुःख-सुख के दिन गुज़रते रहे...एक पागल बूढ़ी औरत का ख़्याल पिता के दिल से नहीं गया।...अब लाश पर गिर गयी है। बिलख रही है। लोग उठाने की कोशिश कर रहे हैं।...कंडों का धुआँ बहुत तेज़ है। सेंगरिन दाई आँखें पोंछ रही हैं। कोई कह रहा है कि घाम बहुत चढ़ आया है। अब निकलना चाहिए।...

लाश के माथे पर तिलक...गले पर फूलों का हार...सफ़ेद कफ़न। अरथी

को कस दिया है। रामभरोस का गाड़ा बाहर खड़ा है। हम लोग कहते हैं...राम ! अरथी को उठाकर बाहर लाते हैं। कच्चे घरों की चौपालों में लोग खड़े हैं। औरतें झाँक रही हैं। अरथी को गाड़ी के पीछे कस देते हैं। बैदराज माफ़ी माँग रहे हैं। जा नहीं सकेंगे। सबको समझा दिया है...रामभरोस... सिवचरन...बाबूलाल...सियाराम। अब सफ़र शुरू होता है।...राम !

पाँच आदमी एक लाश को लेकर चल पड़ते हैं। चारों तरफ़ ख़ामोशी है। सिर्फ़ बूढ़ी औरत के बिलखने की आवाज़ आ रही है।...बेटवा...!

औरतें झाँकते हुए बच्चों को अन्दर खींच रही हैं। इक्के-दुक्के राह छोड़कर अलग हो गए हैं। कोई अरथी की तरफ़ हाथ जोड़ रहा है। एक हँड़िया से धुआँ निकलता जा रहा है। हम लोग आवाज़ दे रहे हैं...राम नाम...सत्त है...!

गलियारे गुज़र गए। शिवाले के पास रुककर हम लोगों ने हाथ जोड़े। फिर हाट गुज़र गयी। फिर टीला पीछे छूट गया। सिंघाड़ों की तलैया पीछे रह गयी। देहरी...दुआर...गाँव...पीछे छूट गए। अब चारों तरफ़ सफ़ेद मिट्‌टी है...खेत हैं...खेतों में छोटे-छोटे पौधे हैं। कहीं कोई नहीं है। फिर भी हम लोग कह रहे हैं...राम नाम...सत्त है।...गाड़ी की चर्र-चूँ सुनाई दे रही है। मिट्‌टी उड़ रही है। कई तस्वीरें बनती हैं...बिगड़ जाती हैं।...

सफ़र एक बार और शुरू हो रहा था। दो साल बाद बीस दिन का मुक़ाम...फिर शुरुआत...अगले दो-तीन साल के लिए। मैली दरी में नारियल की रस्सी बँध गयी है।... 'छोटे !...हम जाते हैं। ...बड़कुआ तो है नहीं। तुम्हीं से कहे जाते हैं...!'

फिर ख़ामोशी। कोई कुछ नहीं बोलता। पिता कहते हैं, '...कहना क्या है ! यही कहे जाते हैं...कि अच्छी तरह रहना। अब कब लउटना होगा...मालुम नहीं...!'

फिर चुप्पी। कोई उठने की कोशिश नहीं करता...कोई जाने की तैयारी नहीं करता। फिर आवाज़...'हम आए...घर में झगड़ा हुआ...हमने हाथ उठा दिया।...मुला हम भी आदमी हैं। क्या करें...हमसे नहीं होता। पहले सोचा था कि यह सब खतम हो जाएगा। अब लगता है...कबहूँ खतम नहीं होगा...हमीं खतम हो जाएँगे।...खैर...जो हरि इच्छा...!'

लोटे में पानी लेकर मुँह धोता है एक आदमी। फिर बिस्तर उठा लेता है...झोला टाँग लेता है।...'चलते हैं हम...अच्छा !'

मैं देखता रहता हूँ। बिस्तर और झोला टाँगे एक आदमी दूर ओझल हो जाता है।...

अब हम सब चुप हो गये हैं।...गाड़ी पर बैठ गए है। रामभरोस बैलों को दौड़ा रहा है। लाश उसी तरह बँधी है। लोग आ रहे हैं।

'राम-राम !'

'राम-राम बाबूलाल ! कउन गुजर गवा ?'

'हमारे पीती* होते थे...!'

लोग हटकर रास्ता देते हैं। बरई गाँव की हाट है। उसी तरफ़ जा रहे हैं। और लोग मिलते हैं। नया फ़ारम खुला है। काम की तलाश में जा रहे हैं। राम-राम !...ईंट के भट्ठे पर काम करने वाले...राम-राम ! रास्ता गुज़रता चला जाता है। फटेहाल मरदों, औरतों, बच्चों का ग़ोल है। सुनते हैं सूखा रिलीफ़ में कहीं काम दिया जा रहा है। कुछ मिल जाए।...राम-राम !...गदहों पर सामान लादे बेड़ों का झुंड जा रहा है।...

हम लोग कई मील चल चुके हैं। बाबूलाल बोल रहा है, 'यहाँ...यह बाजू में बाँध बनेगा। गाँव खाली कराए जाएँगे। गाँववालन को नोटिस चले गए हैं।'

अब राम भरोसा बोल रहा है, 'गाँववाले जइहैं कहाँ ?'

'उनको दूसर जगा मिलेगी...!'

राम भरोस बैलों को गाली देता है।...'फिर साली वहै धाँधलीबाजी हुइहै जौन चकबन्दी के टैम भई थी...!'

अब हम वहाँ पहुँच गए हैं जहाँ गंगा की पतली लकीर दिखाई दे रही है। पानी पर धुएँ की परतें उठ रही हैं। इक्का-दुक्का मन्दिरों के खंडहर मिलने लगे हैं। कबूतर फड़फड़ा रहे हैं। सफ़ेद मिट्टी के ढूहों के बीच पतले रास्ते गुज़र गए हैं।...इलाक़े का बड़ा तीर्थ। माघी पर बड़ा मेला लगता है। चालीस-पचास कोस के इर्द-गिर्द से बैलगाड़ियाँ आती हैं। बहुत से लोग पैदल आते हैं। बड़ी रौनक होती है। मगर अब कुछ नहीं है। टैम बदल गया है।...

---

*पीती = ताऊ

चारों तरफ़ धूप छिटकी है। पाले की परतें ग़ायब हो गयी हैं। नदी नज़दीक आती जा रही है। ढलान शुरू हो गयी है।...बहुत पहले हम लोग यहाँ आते थे। केतकी और माघी पर बड़ा मेला होता था। बड़ी भीड़ लगती थी। अम्मा कहती थीं...तीनों एक दूसरे का हाथ थामे रहो। मेला में बच्चे बहुत हिरा जाते हैं।...मिठाई...खिलौनों की दुकानें...बजाजे की दुकानें। पानी बहुत ठंडा होता था। डुबकी लगाने में डर लगता था। सैकड़ों लोग नहाते थे। मन्दिरों में घंटे घड़ियाल बजते थे। बहुत हल्ला होता था।...

लेकिन इस समय ख़ामोशी है। हम लोग ढलान से नीचे उतर गए हैं। मन्दिरों की एक पूरी क़तार दिखाई दे रही है। कुछ बैलगाड़ियाँ खड़ी हैं। गंगाजी सूख गयी हैं। पानी डबरों में बँट गया है। रेत ही रेत फैली है। लोगों ने रेत में डेरे डाल दिए हैं। चूल्हे जल रहे हैं। लोग नहा रहे हैं। भिखमंगों और कोढ़ियों की भीड़ लगी है।

मन्दिरों की क़तार के बाद बैलगाड़ी रुक जाती है। सामने मोक्षघाट है। एक तिद्वारी बनी है। सामने एक चिता जल रही है। दूसरी राख हो गयी है। किनारे लकड़ियों के अंबार लगे हैं। डोमों के बच्चे डबरों में खेल रहे हैं। कोई कह रहा है...यह संसार पानी का बुलबुला है। सब यहीं रह जाता है। हंसा जाइ अकेला... ?

हमने अरथी खोलकर ज़मीन पर रख दी है। बैल खोल दिए गए हैं। राम भरोस लकड़ी का मोल-तोल कर रहा है। पानी पर तैरती एक लाश रेत पर रुक गयी है। चील-कौवे मँडरा रहे हैं। बाबूलाल समझा रहा है...गरीब-गुरबा...इतनी हैसियत नहीं कि जला सकें। गंगाजी में बहा के चले जाते हैं।...दूर जगह-जगह लाशें दिखाई देती हैं...चील-कौवे उड़ते दिखाई देते हैं।... 'अबकी जबर सूखा पड़ा है। बहुत लहासें बह रही हैं।...'

लकड़ी का भाव अभी तय नहीं हुआ। हम लोग सुस्ता रहे हैं। तिद्वारी के अन्दर अँधेरा है। अँधेरे में पुआल बिछा है। पुआल पर कोई पड़ा है। कई लोग आसपास बैठे हैं। बाबूलाल पूछ रहा है। बहुत दूर से लाए हैं...तीस कोस से। आखिरी बखत है। गंगा मैया के चरणों में प्राण निकलें। सीधे बैकुंठ जाएँगे। मगर साँस अटकी है। अभी चल रही है। चौबीस घंटे हो गए...ऐसे

ही पड़े हैं। अँधेरे में पड़ी लाश साँस खींचती है...छोड़ देती है...खींचती है...छोड़ देती है। लोग चुप हैं...लगातार पुआल की तरफ़ ताकते हैं...थककर बाहर निकल आते हैं।...फिर अन्दर चले जाते हैं। बिसवा भर के किसान हैं। खेत-बार छोड़ के पड़े हैं।...अटक- अटक कर साँस अब भी चल रही है।

भाव तय हो गया है। एक अधनंगा आदमी जाँघिया पहने लकड़ियाँ रख रहा है। रामभरोस वहीं से आवाज़ दे रहा है, 'तुम लोग उहाँ बइठ के खैनी खा रहे हो। तनिक एक-एक लकड़ी लगाय देव...जल्दी निबट जाएँगे...!'

हम लोग लकड़ियाँ चिनते हैं। दूसरी चिता की आग ठंडी हो रही है। लग्गियों से लोग चिता को समेट रहे हैं। डबरे के पास नाई का उस्तरा चल रहा है...बाल पानी में गिर रहे हैं। सामने मन्दिर में भजन शुरू हो गया है। झाँझ...करताल...मँजीरा। डबरे में खेलते बच्चे भी लकड़ियाँ लगा रहे हैं।

चिता तैयार है। अरथी की रस्सी खोली जा रही है। अधनंगा आदमी अरथी पर पड़ी रेज़गारी बीन रहा है। कफ़न के कपड़े पर हाथ रखता है।...'यू हमका दै देव...!'

राम भरोस डाँटता है। कफ़न दिया नहीं जाएगा...लाश के साथ जलेगा।

चारों तरफ़ ख़ूब धूप फैली है। हम लाश को पानी के पास ले जाते हैं। कफ़न को हटाकर एक बार पानी में डुबोते हैं...फिर किनारे रख देते हैं। चील-कौवे मँडरा रहे हैं।

अब सब कुछ तैयार है। मैं आख़िरी बार लाश का चेहरा देखता हूँ। इस समय मेरी आँखों में आँसू हैं। एक बार रोना शुरू होता है...बढ़ता जाता है। मैं रोता रहता हूँ।...कौन है ? मैं किसी से कहना चाहता हूँ।...जो अधूरा था...वह पूरा नहीं हुआ...अब भी अधूरा है...आगे कभी पूरा हो जाएगा। हम उसे पूरा करने की कोशिश करते रहे। अपनी तरफ़ से कोई कसर नहीं छोड़ी...लेकिन पूरा नहीं कर पाए। अगर यही क़सूर है...तो हमको माफ़ करो...पिता !...एक बार माफ़ कर दो...!

लोग मुझे सम्हालते हैं...उठाते हैं...दीन और दुनिया का नियम समझाते हैं।...हम लाश को दोनों तरफ़ से पकड़ते हैं...उठाकर चिता पर रख देते हैं। कोई बोलता जाता है...मैं करता जाता हूँ।...घी थोड़ा है... थोड़ा-थोड़ा चुपड़

दो। यहाँ...माथे पर...छाती पर...पेट पर...सब जगह लगाओ। एक जलती हुई लकड़ी है...हाथ में ले लो...चारों तरफ़ चक्कर लगाओ।...एक बार...दो बार...पाँच बार ! मैं रोता जाता हूँ...आँसू पोंछता जाता हूँ...घूमता जाता हूँ !...हाँ...अब यहाँ नीचे चिता में आग लगा दो।...मैं एक बार चेहरे की तरफ़ और देखता हूँ। घी लगा है। आँखें बन्द हैं। मैं रोता हूँ...चिता में आग लगा देता हूँ। लपटें फैलने लगती हैं। मन्दिर में भजन जारी है।...अब तो माधो...मोंहि उबारो...!

जलती हुई लाश को देखता रहता हूँ। चमड़ी सफेद पड़ती जा रही है। फिर लाल हो रही है। फिर काली पड़ रही है। फिर सब एक में मिलता जाता है।...कोई मुझे समझा रहा है। यही संसार है। सबकी यही गति है। फिर भी माया-मोह नहीं छूटता।...बच्चे किलकारियाँ भर रहे हैं। हम ख़ामोश हैं...चिता पर राल और नमक फेंकते जाते हैं। लपटों की चड़चड़ाहट गूँजती जाती है।

भजन अब भी जारी है...नाथ दीनानाथ कृष्णा...मत लगाओ देर...!

अब लोग एक तरफ़ छाया में हो गए हैं। चीलें और कौवे उड़-उड़कर बैठ जाते हैं। तिद्वारी के अँधेरे में उखड़ती हुई साँसें अब भी जारी हैं। लोग अब भी पुआल की तरफ़ निगाह लगाए हैं।

दूसरे किनारे पर लोग नहा रहे हैं। ट्रक वाला ट्रक की धुलाई कर रहा है। मन्दिरों खंडहरों के कंगूरों से मधुमक्खियों और भिड़ों के छत्ते लटक रहे हैं।...हड्डियों और लकड़ियों की कड़कड़ाहट गूँजती जाती है। ऊपर कगारों पर गायों-भैंसों के रेहड़ चर रहे हैं।...मैं पुरानी बहुत सी बातों के बारे में सोचता जाता हूँ। अब यहाँ का काम ख़त्म हो गया है। अब यहाँ रुकने की ज़रूरत नहीं है। अब यहाँ से लौट जाना है। अब यहाँ रुकने की कोई वजह नहीं है। यहाँ से वहाँ जाना है जहाँ और भी कुछ नहीं है। एक ख़ालीपन से निकलकर दूसरे ख़ालीपन में खो जाना है।...चिता धीमी पड़ रही है। बाबूलाल मिट्टी का तेल उँड़ेल रहा है। रामभरोस मेरे हाथ में लग्गी दे रहा है।...मैं उठ खड़ा होता हूँ। मुझे मालूम है कि अब क्या करना होगा। मैं चिता के सिरहाने खड़ा हूँ। आँच बहुत तेज़ है। मैं लपटों के बीच लाश के सिर को देखने की कोशिश करता हूँ। एक काला गोला सा दिखाई देता है। यही सिर है। कोई कहता

है...पाँच बार। मैं लग्गी को सिर पर लगाता हूँ। कोई कहता है...इतने ज़ोर से नहीं।...गोला फूट जाता है। एक पल के लिए अन्दर अँधेरा दिखाई देता है। फिर छन्-छन् करती लपटें अन्दर पहुँच जाती हैं। मैं पाँच की गिनती पूरी करता हूँ।

अधनंगा आदमी बोल रहा है।...'किरिया के बाद ही आत्मा देह से मुक्ती पावत है...सास्तर मा लिखा है...।'

मैं चुप हूँ। भटकता हुआ वहाँ पहुँच गया हूँ जहाँ कँटीले तार हैं। तारों के पार दूर तक झोंपड़े बने हैं। एक टूटे दरवाज़े के सामने रुक जाता हूँ। पिता ने दरवाज़ा खोला है।...रात हम झोंपड़े की कच्ची ज़मीन पर सोये हैं। नींद नहीं आ रही है। पिता कह रहे हैं, 'छोटे ! सो गये क्या ?'

मैं कहता हूँ, ' नहीं बाबा ! नींद नहीं आ रही है...।'

बाबा कहते हैं, 'हम यही कह रहे थे...कि माया मोह जौन चीज होती है...थोड़े दिनन की होती है। आदमी को बस थोड़े दिन तकलीफ होती है...बाद में सब अपने आप ठीक हो जाता है...!'

बड़ी देर तक चुप रहते हैं। फिर कहते हैं, 'पहले हमको बहुत तकलीफ भई थी। अइसा लगे कि पागल हो जाएँगे। मगर फिर...अपने आप सब ठीक हो गया। अब कुछ नहीं लगता।...जहाँ काम मिलै...वहीं रहेंगे...अपना टैम निकाल देंगे। आसपास जो लोग हैं...वही सब कुछ हैं...माँ, बाप, बेटा, बेटी। ऊ अकेले...हम अकेले...सब अकेले...मिल-जुल के काट देंगे !'...

दोपहर ढलने लगी है। चिता ठंडी हो रही है। रामभरोस चिता के आसपास चक्कर काट रहा है। जो जो अंग जला नहीं है...उस उसको लग्गी से आग में ठेल रहा है। बाबूलाल...सिवचरन...सियाराम...ऊँघ रहे हैं।

इस समय तिद्वारी से रोने की आवाज़ें आने लगी हैं। आख़िरी साँस टूट गयी। सद्गति हो गयी। गंगा मैया के चरणों में दम निकला। रोने की आवाज़ तेज़ होती जा रही है। मन्दिर में भजन रुक गया है। दूर योगानंद आश्रम में कीर्तन शुरू हो गया है। नयी चिता की तैयारी हो रही है।...

फिर बहुत सा समय गुज़र जाता है। चिता ठंडी हो जाती है। लग्गियों से बुहार कर हम सारी राख गंगा के डबरे में गिरा देते हैं।

अब खेलते हुए बच्चे आ गये हैं।...'ए दादा !...ए भइया !...हमका... हमका...!'

अब हम नंगे बदन मन्दिरों में भटक रहे हैं। राम भरोस के पास रेज़गारी है। कोढ़ियों और कंगलों की भीड़ लगी है।...'ए भइया !...हमका !...ए दादा !...हमका नहीं मिला।...ए महाराज ! यु बच्चा रहि गवा...यहिका दै देव...!' दोनों तरफ़ क़तारें लगी हैं।

हम लोग दान-धर्म कर रहे हैं।

मन्दिर के अहाते में गायें घूम रही हैं। सियाराम दुकान से पूरियाँ लाता है। गायें हमारे हाथों से पूरियाँ खाती हैं।

गोबर और गोमूत्र फैले हैं। हम बचा जाते हैं...चिड़ियों और कबूतरों को दाना चुगाते हैं। कौवे भी उड़-उड़कर आ रहे हैं।

मन्दिर के पट खुले हैं। हम भगवान् के दर्शन करते हैं।...'हे प्रभो !...रक्षा करो !...त्राहिमाम् !'

दूर-दूर से आये लोग हाथ जोड़कर खड़े हैं। आँखों में डर।...'हे प्रभो...रक्षा करो...।'

औरतें...बच्चे...मर्द...बूढ़े। फटे कपड़े...बीमार...मुरझाये हुए।...'हे प्रभो...!'

किसान...मजूर...कारीगर...फटेहाल...ग़रीब...सबकी आँखें डरी हुईं।...'हे गंगा मैया !...हे शंकर भगवान् !...हे कृष्ण भगवान् !...हे रामचन्द्रजी ! हे सूरज देवता !...हे जल-देवता !...हे अग्नि देवता !...रक्षा करो...रक्षा करो !...त्राहिमाम् !...त्राहिमाम्...!'

लौटानी में बैल ख़ूब दौड़े थे। सरदी बहुत थी। नंगे बदन घूमते-घूमते हम लोग ठिठुर गये थे। राह भर दुबके बैठे रहे।

पहले सूरज पेड़ों के पीछे गया था...फिर उजाला भी चला गया। पक्षी थोड़ी देर चहचहाये थे...इसके बाद चारों तरफ़ चुप्पी छा गयी थी।

इस समय अचानक मैंने महसूस किया था कि मैं बहुत हलका हो गया हूँ। एक भार था जो ख़त्म हो गया है। मैं आज़ाद हो गया हूँ।

गाड़ी के हिचकोलों के बीच मैं ऊँघने लगा था। फिर चलती-फिरती तस्वीरें उभरने लगी थीं। हर जगह हर चीज़ अच्छी लग रही थी। फिर आँखें खुल गयी थीं। फिर मैंने सोचा था कि अब सब कुछ ठीक है...अब मैं लौट जाऊँ।...

अँधेरे में सिर्फ़ सफ़ेद मिट्‌टी दिखाई दे रही थी। खेतों और बाग़ों को छोड़कर हम लोग गाँव के गलियारों मे आ गए थे। कोरियों और भाटों के टोलों के टिमटिमाते चिराग़ गुज़र गए। हाट के पास आकर रामभरोस ने गाड़ी रोका था। किसी से कुछ बात की थी। फिर मुड़कर कहा था, 'मैकुआ का लड़िका जाता रहा...!'

रात चारों तरफ़ ख़ामोशी थी। कूएँ से पानी खींचकर वहीं चौपाल के पास स्नान किया था। चादरें ओढ़कर आँगन की आग के पास बैठ गए थे। सेंगरिन दाई ने बेर्रा की रोटियाँ बनायी थीं। माठा, गुड़ और राब के साथ हम लोगों ने थोड़ा-थोड़ा खाया था। सियाराम ने कहा था, 'दादी...रोटी खाय लेव...!'

अंधी बूढ़ी दादी उठकर बैठ गयी थी। बड़ी देर तक उसी तरह बैठी रही। फिर कुछ नहीं खाया और लेट गयी। इसके बाद कोई आवाज़ सुनाई नहीं दी।

आग के पास लोगों ने बोलना फिर शुरू कर दिया था।...मरने के बाद सब कहाँ जाते हैं ?...बैकुंठ है...नरक है...जैसा जिसका भोग है। भोग के बाद फिर यहीं लौटना पड़ता है। फिर वही जनम-मरन और अपना-अपना करम। रामायण में कहा है...।

अब सिवचरन बोल रहा है।...'औरन का हम नहीं जानित...मगर हमारे दादा तो न सरग गए हैं...न नरक। हेईं हैं। जहाँ-जहाँ हम जाते हैं...हुआँ-हुआँ हमारे साथ रहते हैं। हमका न छोड़िहैं।...मरते बखत मुलाकात नहीं भई...!'

अब चारों तरफ़ अँधेरा है...चारों तरफ़ आत्माएँ भटक रही हैं। जो मर गए हैं...मरे नहीं हैं। अब भी हैं। हम लोग चुप हैं। सिवचरन बोलता जा रहा है।...'एक दिन हम दादा का देखा रहे। रात का बख़त रहै। हम हाट से लउटा रहें। साफ देखा...सामने दादा ठाढ़ हैं। वहै लाठी...वहै फतुही। हम कहा...दादा तुम ! कहै लाग...हाँ सिवचरन...हम ही हैं।...हम रोवै लागे। दादा कहै लाग...सिवचरन न रो भइया !...फिर हम कहा...दादा...काँखते काहे हो ?...कहै लाग...हम बहुत भूखे हैं...साल भर हुई गवा...कुछौ खावा नहीं...बहुत भूखे हैं...!'

आवाज़ भारी हो गई।...सब कुछ ख़तम नहीं होता। हमारे दिलों को बड़ा सहारा है। ख़तम होने के बाद भी हम ख़तम नहीं होते...बाक़ी रह जाते हैं। ललवा भाट सुन रहा है। मखना नाऊ सुन रहा है। रमुआ गड़रिया...बंसी माली...सियाराम...सब सुन रहे हैं। हर बात का फ़ैसला यहीं नहीं होता। आगे भी कुछ है। वहाँ फ़ैसला होता है। वही फ़ैसला सब कुछ है। यहाँ का फ़ैसला कुछ नहीं है।...सिवचरन बोलता जा रहा है।...'दादा हमका बार-बार सपनावत हैं। पारसाल सपनावा कि...हमारि धोती फाटि गयी है...हमरे लगे कपड़ा नहीं है।...हम बरम बाबा के पीपर की पूजा कीन्ह...धोती चढ़ाई...जल चढ़ावा...सीधा निकारा। कहा...हे प्रभू...हमरे दादा का कउनो तकलीफ न दीन्ह्यो...!'

ललवा भाट का भाई जाता रहा था। फिर एक हड़कवा कुत्ता आने लगा।

रोज़ दुआरे पर नीमी के बिरवा के नीचे बैठता था। सपने में देखा कि यही हमारा भाई है। बार-बार सपनाता रहा। तबसे जब तक उसको न खिला लेते...कोई खाता नहीं था। बहुत दिन तक यही चला। फिर एक दिन कुत्ता कहाँ चला गया...पता नहीं। लेकिन तब से भाई भी सपनाया नहीं।

लेकिन बाबूलाल नहीं मानता। ये सब फ़ालतू की बातें हैं। जो गया...सो गया।मन को बहलाने के वास्ते सब गढ़ लिया गया है।... 'सरग...नरक...जनम...पुनरजनम ! कहाँ है ? कउन देखा है ?...हम पूछते हैं...कउन देखा है?'

आग से लपटें उठने लगी हैं।...किसीने कहा था...हमारा कुछ मत करना।...तेरहीं नहीं...सराध नहीं...कुछ नहीं। हमारी आत्मा ऐसे ही भटकती रहे...उसको मुक्ति नहीं मिले !...मुझे शायद नींद आ गयी है।...कोठरी में अम्मा की आवाज़ गूँज रही है।...इतने-इतने बरस हो जाते हैं। तुम का नहीं करते हो !...बाबा की आवाज़...हम कुछ नहीं करते हैं।...नसापानी नहीं करते हो ?...नसापानी नहीं करेंगे तो मर जाएँगे। कुछ तो चाहिए आदमी को।...अउरतन के पास नहीं जाते हो ?...यह झूठ है। कउन कहा तुमसे ?...हम लोग दम साधे अपनी-अपनी कथरियों पर पड़े हैं। माँ और बाप में झगड़ा हो रहा है।...दो साल में आये हैं...झगड़ा शुरू कर दिया।...

लोग जा चुके हैं। आत्माएँ गुज़र रही हैं। यही कोठरी...यही दीवार...यही आँगन...यही बरोठा। दीवारें गिरती जा रही हैं। छतें झुकती जा रही हैं। फूटा-टूटा सामान लिए लोग सिकुड़ते जा रहे हैं। फिर एक सफ़र शुरू कर देते हैं। बाक़ी दीवारों का गिरना नहीं देख पाते। चेहरे आ रहे हैं...गुज़रते जा रहे हैं। एक धुंध है। पानी का एक तेज़ रेला उठ रहा है। चारों तरफ़ पानी ही पानी हो गया है। पानी आगे बढ़ रहा है। एक टूटा हुआ मकान डूब रहा है। डूबते हुए आदमियों के हाथ दिखाई दे रहे हैं। मैं चिल्ला रहा हूँ...अम्मा... बाबा...मुनिया...बड़कू....!

बाबूलाल जगा रहा है।...उठो ! भीतर चल के सोओ !.. मैं कोठरी में चला जाता हूँ। मैं भूल गया था कि कोई मर गया है। लेकिन लाश की जगह पर मिट्टी का दीया जल रहा है। अगरबत्ती जल रही है। अगरबत्ती की गंध

मुझे लाश की गंध मालूम होती है। कोने में बोरा बिछाकर मैं लेट जाता हूँ। बाहर एक कुत्ता बुरी तरह भोंक रहा है। बाबूलाल वहीं लेटा है।

मैं कहता हूँ, 'भैया...सो गए क्या ?'

बाबूलाल कहता है, 'नहीं !'

मैं कहता हूँ, 'अब हमारे जाने का टैम आ गया है। हियाँ पड़े रह के क्या करेंगे !'

बाबूलाल चुप है।

मैं फिर कहता हूँ, 'रुपैया-पइसा का हिसाब कर डालो।...जो कुछ नियम-करम बाकी है...तुम कर लेना। बड़कू तो अब आएँगे नहीं। अम्मा की हालत भी ऐसी नहीं है कि आ सकें।...आने-जाने का खर्चा भी बहुत पड़ता है...।'

बाबूलाल टूटती धन्नियों की तरफ़ देख रहा है।...'अब की बंसी माली खेत जोता था...बँटाई पर। जोन्हरी बई* थी।...सब झुराय गयी। खरीफ मारी गयी। अब गहूँ, जौ, चना लगावा है। मगर दम नहीं है।...हम तो चले जाते हैं हरगंज। जौन कुछ करता है...बंसी ही करता है। हाथ बहुत तंग है। अबकी दिवाली भी अइसी ही गयी। चारों तरफ रोना पड़ा है।...अब हमको भी...जाना ही पड़ेगा...!'

अब कुत्ता कभी भोंकता है...कभी चुप हो जाता है। हम लोग बोलते जाते हैं। घर-बार दीन दुनिया की बातें होती हैं। मिट्टी का दीया जलता जाता है। रात इसी तरह गुज़रती जाती है।...

सुबह उठने में देर हो जाती है। घाम फैल गया है। बाहर कुछ हल्ला हो रहा है। आज हाट का दिन है। मिट्टी का दीया बुझ गया है। अगरबत्तियाँ जलकर खत्म हो चुकी हैं। मैं हिसाब लगाता हूँ। कल...नहीं तो परसों...यहाँ से चला जा सकता है। कोस-भर पर सड़क...वहाँ से बस...फिर हरगंज...फिर हरगंज रोड...फिर गुज़रते हुए स्टेशन...फिर एक न गुज़रनेवाला स्टेशन। फिर वही दुनिया जो बहुत बड़ी है। अब का जाना...आख़िरी जाना है। अब फिर वापस आना...शायद नहीं होगा। यह सारी धरती...इसी तरह कभी-कभी ख्यालों में आ जाएगी।...ख़यालों में कभी-कभी हम इस मकान को देखेंगे...जहाँ बहुत

*बई = बोई।

कुछ हुआ है। गलियारों को देखेंगे जहाँ से गुज़रना शुरू किया है। सफ़ेद मिट्‌टी...तलैया...गढ़ैया...जमुनिया...टीला...खेत...ख़ामोशी...बीच-बीच में उठती हुई आवाज़ें। लोग...जिनके साथ ज़िंदगी शुरू की...जो चले गए हैं। लोगों के चेहरे कभी-कभी सामने आएँगे। बहुत बड़ी भीड़ में खोए हुए हम...कभी-कभी सबको याद करेंगे...या शायद सबको भूल जाएँगे।

सियाराम कोठरी में आया है...मैं पूछता हूँ, 'सियाराम ! हरगंज की बस कै बजे मिलती है ?'

सियाराम पल-भर ख़ामोश है।...'दुई बस हैं...बालापुर से चलती हैं। एक सबेरे दस बजे पहुँचती है...दुसरी तीन बजे...मगर कोई टैम नहीं है। जब मन होता है आ जाती हैं...नहीं तो नहीं आती हैं...कबहूँ रुकती हैं...कबहूँ सीधी निकल जाती हैं...।'

सड़क के किनारे नीम का बिरवा है। सवेरे से डेरा डाल दो। वहीं बस रुकती है। एक नहीं तो दूसरी मिलेगी। बस नहीं मिलेगी तो कोई ठेला-वेला तैयार हो जाएगा।

बाहर बैदराज पुकार रहे हैं।...'बच्चा ! तनिक बाहेर आओ। भीतर पड़े-पड़े का करोगे ?'

बाहर घाम काफ़ी निकल आया है। वहाँ पर बैदराज और बाबूलाल बैठे हैं। बैदराज समझाते हैं।...'नहीं बच्चा ! अकेले पड़े हो...यू ठीक नहीं। बाहेर निकरो...चार जनन से बात करो।...आज बजार है...थोड़ा घूम आओ...!'

घाम अच्छा लग रहा है। बूढ़ी दादी ख़ामोश है। एक तसले में कंडे सुलग रहे हैं...दूध की पतीली चढ़ी है। बैदराज बोलते जा रहे हैं। मैकुआ का लड़िका चल बसा। कोई बचा नहीं सका। समय बड़ा बलवान् है। जब काल आ जाता है...कोई दवाई काम नहीं करती। पारसाल भी इसी महीने दो मौतें हुई थीं। बैदराज ऊपर की तरफ़ देखते हैं।...'हे नाथ नारायण वासुदेवा ! हमारा बुलावा भी हेई कहूँ है। किनारे पर खड़े हैं। एक दिन देखोगे...दुकान बंद है...पंछी उड़ि गवा है।...बाबूलाल कहता है...आगे कुछ नहीं है।...न हो। मुला हमको मत सुनाओ। अबै तो यहै सहारा है कि आगे कुछ है। यह सहारा भी चला जाएगा तो...कइसे रहेंगे !'

हर साल यही होता है। जूड़ी और बुख़ार। किसी का बच्चा बीमार...किसी की औरत। किसी का मर्द पड़ा है तो किसी की महतारी। बैदराज चिरायता देते हैं। जोशांदा देते हैं। किसी को लगता है...किसी को नहीं। हर साल जब गेहूँ और चने की बोआई ख़तम हो जाती है...सरदी ख़ूब पड़ने लगती है...नयी-नयी हवा चलती है...एकाध पानी पड़ जाता है...आसपास गाँवों के दो-चार बूढ़े ज़रूर चल बसते हैं।...'हेइँ कहूँ हमारा भी लंबर है...!'

हम लोग बहुत देर तक चुप रहते हैं।...सारे सवाल हल हो चुके हैं। एक आख़िरी सवाल बाक़ी रह गया है। इसका भी हल निकलना चाहिए। बैदराज ने बोलना शुरू कर दिया है।...'सुकुलों का घर फल-फूल रहा है। चार भाई हैं। दो शहर में रहते हैं...दो गाँव में। मगर कैसी मिल्लत है ! जैसे राम-लछमन-भरत-शत्रुघन। सच कहा है...जहँ सम्मति तहँ सम्पत्ति नाना। लच्छमी फटी पड़ रही है। हर साल नयी-नयी जमीनें खरीदते जाते हैं। खेत पर खेत खरीदते हैं। खेतों पर पम्प लग रहे हैं। टिरेक्टर भी आ गया है। पासवाला घर खाली पड़ा रहता था। सब लोग चले गए थे। सुकुलों ने खरीद लिया। मुँहमाँगे दाम दिए। अब दोनों घर पक्के बन गए हैं। ऊपर कोठा उठ गया है। अब बीच में तुम्हारा घर आ जाता है। लेना चाहते हैं। दाम पूरे देंगे।'...बाबूलाल सुन रहा है। बैदराज समझाते हैं।...'बेच डारो ! का करोगे रख के ! दिवालें गिर रही हैं। सुधरा सकते नहीं हो। एक दिन पूरा ढहि पड़ेगा। तुम कहाँ...बड़कऊ कहाँ !...बाबूलाल भी अब हरगंज चले जइहैं।...कउन सम्हलिहै यहिका...!'

मैं चुप हूँ। बाबूलाल भी हरगंज रहेगा। एक दिन हम लोग भी सिर्फ़ हरगंज तक गए थे। लेकिन इसके बाद ? वह सफ़र और आगे बढ़ गया था।...बैदराज का कहना ठीक है। ढहते हुए मकान को न बेचना ग़लत है। बेच डालना सही है। बूढ़ी दादी कहाँ जाएगी ? गोवाड़े में गाय-भैंसों के साथ रहेगी। अब कितने दिन की तो ज़िंदगी है ! सियाराम साथ रहेगा।...और रास्ता क्या है ! मैयत में कर्जा-पानी हो गया है। अभी और भी कुछ करना होगा। इसका देना है...उसका देना है। वापसी में साथ ले जाने के लिए भी कुछ चाहिए।...बैदराज का चेहरा स्याह हो गया है।...'पुरखों की देहरी...छोड़ी नहीं जाती ! मुला का कीन जाए !...बाबूलाल तुम्हारा पितियाउत भाई

है...मगर सगे से ज्यादा। दोनों सलाह करो। फिर जौन ठीक लगे...करो...!'

उनकी सिकुड़ी आँखों में दर्द है। हाथ जोड़ते हैं।...'हे प्रभो...!'

मैं कच्चे मकान की ढहती दीवारों की तरफ़ देखता हूँ। इनका मिट जाना भी अब ज़रूरी हो गया है।

बैदराज फिर समझाते हैं...दिलासा देते हैं।...नहीं...कोई जल्दी नहीं है। ख़ूब सोच-विचार लो।...अभी जाना भी ठीक नहीं है। जो कर्म है...करना होगा। तेरह बाम्हन खा नहीं लेंगे...आत्मा की मुक्ति नहीं होगी। गरुड़ पुराण का पाठ भी होगा। अनोखे पंडित का लड़िकवा आएगा। बाँच के चला जाएगा। इस करतब से मुक्ति नहीं है।...

बैदराज चले गए हैं। बाबूलाल चुपचाप ज़मीन की तरफ़ देख रहा है। बूढ़ी दादी अब किसी को आवाज़ नहीं देती। बाबूलाल एक लंबी साँस खींचता है।...'अउर कोई रस्ता समझ में नहीं आता है।...सुकलऊ से मिले बगैर चारा नहीं है... !'

हम लोग चुप हैं। बाबूलाल जैसे अपने आप से बोलने लगता है।...'जहँ सम्मति...तहँ सम्पत्ति...! डाका डलवाओ...उलटी-सीधी कमाई करो...सम्पत्ति ही सम्पत्ति है...!'

लेकिन दिशा-मैदान से निपटने के बाद भी मैं बाहर नहीं निकलता। उसी कोठरी की ज़मीन पर लेट जाता हूँ। बाबा का झोला टँगा है। लकड़ी रखी है। सदरी और धोती लटक रही हैं। फटे जूते पड़े हैं। झोले में चुनौटी...तमाखू...बरसों पुरानी चिट्ठी-पत्रियाँ।...आपकी राजी-खुशी ईश्वर से नेक चाहते हैं...आगे हाल यह है कि रुपया आपने नहीं भेजा...बड़ी तंगी है...अम्मा का कहना है..फकत।...किसी कंपनी का डिस्चार्ज सर्टीफ़िकेट है।...वॉचमैन ठाकुर बियर्स ऐ गुड मॉरल कैरेक्टर टु दि बेस्ट ऑफ अवर नॉलेज ऐंड बिलीफ़।...बड़कू की चिट्ठी है।...हम खुद यहाँ बड़ी तंगी में चल रहे हैं। रहने-सहने का भी कोई ठिकाना नहीं है...गाँव में रहो...जो कुछ हो सकेगा...भेज देंगे। एक आधी लिखी चिट्ठी है।...ईश्वर से नेक चाहते हैं...आगे हाल यह है कि हमारे पास काम नहीं है...हाथ तंग है।...सरीर कमजोर जरूर हो गया है...मगर हम काम करेंगे...हमारी मदद करो...हमको

कहीं लगवा दो...बहुत एहसान मानेंगे...फकत !

डाकघर की पासबुक है। उनासी रुपये तीस पैसे।...मैं सुन रहा हूँ...कोई हाँफ रहा है...मगर क़दमों की आवाज़ जारी है।...हमारे लिए बहुत बड़ा सहारा है। सब कुछ ख़त्म नहीं हुआ है। आत्माएँ अब भी हैं। चल रही हैं। ज़िंदगी में कुछ किया नहीं जा सका। मरने के बाद तो किया जा सकता है...कि आत्माओं के पास पहुँच जाए...।

बैदराज ने अनोखे पंडित का लड़िकवा भेजा है। गरुड़ पुराण चल रही है।...जीवन में सब कुछ सोच-समझ कर बनाया गया है।...याज्ञवल्क्य रिसि...नरकों का बरनन करते हैं...घोरा...अतिघोरा...भयानका...कराल... कुंभीपाक।...हम कहाँ हैं ? सहमे हुए कुछ समझने की कोशिश कर रहे हैं।...नाना योनियों में...सुभ-असुभ कर्मों के अनुसार भटक रहे हैं।...हमारे अन्दर कामनाएँ हैं...यह हमारा पाप है।...जिनका मन माया के पास में बँधा है...आत्मा इसी लोक में भ्रमन करती रहती है...प्रेतावस्था में निवास करती है।...बाबूलाल कहाँ है ?...हमारी मुक्ति नहीं है।...हे पच्छिराज ! सभी प्रेतात्माओं के जीवन की करनी अब तुम सुनो।...ऐसे मनुस्य नरकलोक में जाकर जमदूतों के शस्त्रों से छेदे जाते हैं...गिद्ध-चील शरीरों को नोच खाते हैं...जमदूत जलती हुई आग पर उलटा लटका देते हैं...भाले की नोंक पर यातनाएँ देते हैं...हाथ काट देते हैं...तेल के कड़ाह में...। इति ते कथितं ताक्ष्र्यं मोक्षधर्म सनातनम् ...। जो जीवात्मा अंतकाल में मेरा स्मरन करती देह त्यागती है...उत्तम गति...मोक्ष को प्राप्त होती है।...

बड़े-बूढ़े डरे हुए हैं। आँखें बन्द हैं। फिर भी सुन रहे हैं। मैं चुप हूँ।...किसकी मुक्ति हो गई है ?...उनकी या हमारी ?

बाबूलाल आ गया है।...तनिक बाहर निकलो...मन बहल जाएगा। पुरानी बातों को याद करने से अब क्या होगा !...सुकुलों के बारे में क्या विचार है ? बड़कऊ यहाँ हैं नहीं। उनके दस्तख़त के बिना कुछ नहीं हो सकता।...

मैं फिर चुप हूँ। फिर कहता हूँ, 'बड़े सुकुल को बताओ...वही कुछ रास्ता निकालेंगे।...यह काम हो जाए...तो हम भी यहाँ से रवाना हो

जाएँ।...बाकी...तेरहीं पर...जो ठीक लगे...तुम कर देना...।'

अब बाहर निकलना ज़रूरी है। छिटकी हुई धूप में उन तमाम चीज़ों को जी भरकर देखना ज़रूरी है जिनको अब तक नहीं देखा है...आगे देखेंगे भी नहीं...।

गलियारों पर गलियारे निकलते जा रहे हैं।...तस्वीरों पर तस्वीरें गुज़रती जा रही हैं।...यहाँ भाटों के घर हैं।...धनुआ भाट की लाश आयी थी। गाँव भर जमा हो गया था। फाँसी हो गई थी। एक कलारिन को रख छोड़ा था। कलारिन के लिए क़तल भी किया। फिर कलारिन की गवाही पर ही फाँसी भी हो गई। बहुत चाहता था कलारिन को। बालों में ख़ूब तेल डालकर पट्‌टी बनाकर घूमने निकलता था। यही शौक़ था।...लाश के बालों में भी ख़ूब तेल था...पट्‌टी बनी हुई थी। आख़िरी मुराद पूरी हो गई थी।

अब यादव लोगों के घर हैं। दालान में मिट्‌टी डलवाकर अखाड़ा बनाया था। गरमियों में मिट्‌टी बहुत ठंडाती थी। तपती दोपहरें हम लोग मिट्‌टी में लेटकर गुज़ार देते थे।...

कैथाना है। नौटंकी के लिए तखत जमाए जाते थे...जाजम बिछाई जाती थी। गैस की रोशनी होती थी। आसपास पेड़ों की चिड़ियाँ रात भर जागती रहती थीं।

यहाँ नन्हकू पाँड़े की मड़ैया थी। सारी ज़िंदगी भूखा रहा। कभी पेट भर खाना नहीं मिला। बाग़ों में निकल जाता था। आमों की फ़सल में आम और जामुन खा के सो रहता था... ख़रबूज़ों की फ़सल में ख़रबूज़े। कहाँ भोज है...पता लगाता रहता था। मिसिरों के यहाँ बीस मन का भोज हुआ था...फिर भी नन्हकू पाँड़े का पेट नहीं भरा।

अब आगे यहाँ नायकिन का बाड़ा था। सब कुछ बिक गया...मगर मिठाई खाने का शौक़ नहीं गया।...ऐ फलानी ! मोर लोटिया गिरों धर लेव। जल्दी करो...नहीं तो पेड़ावाला निकर जाएगा...।

देखी हुई चीज़ें दिखाई दे रही हैं। सुनी हुई बातें सुनाई दे रही हैं। पुराने चेहरे चले गए हैं। कहाँ चले गए ? नए चेहरे आ गए हैं। अपनी ही दुनिया में हम अजनबी हो गए हैं।

मेरे मन में ख़्याल आ रहे हैं।...हम लोग चले गए हैं। हम लोग मर गए हैं...या...धीरे मर रहे हैं। मैं कुछ करना चाहता हूँ...कि मौत मिट जाए। एक शिवाला बन जाए...एक कूआँ खुद जाए...एक गोशाला बन जाए...एक तिद्वारी बन जाए। कहीं मरने वाले का नाम हो। मरने वाले का नाम...हमारा भी नाम होगा। कोई यादगार हो...कुछ हो...कि हम मान लें...मरने वाला पूरी तरह गया नहीं है...अब भी है...आगे भी रहेगा...हमेशा रहेगा।...कि हम गए नहीं हैं...अब भी हैं...आगे भी रहेंगे। इस तरह हम मौत को जीत लेंगे। अपनी ही धरती पर हम कभी अजनबी नहीं होंगे।...

हाट लग गयी है। आसपास से...दूर से...दुकानें आयी हैं। तरकारी भाजी...अनाज...गुड़...जलाऊ लकड़ी के गट्ठे...सिले हुए कपड़े...गुड़ की मिठाइयाँ...लाल मोटे सेव...भिनभिनाती मक्खियाँ...लाल पीली भिड़ें...मिट्टी...धूल...गंदगी। छोटी सी दुनिया की छोटी-छोटी चीज़ें...जैसी पहले थीं...अब भी हैं।...

बच्चू गुरु हैं ! ...पायलागी !...गुरु पहचानते नहीं...फिर भी असीसते हैं। आँखों से कम दिखता है। पूरा दिखता तब भी पहचान नहीं पाते। वही नन्हें साहू का चौतरा है...वही हाट की चहल-पहल। देख नहीं पाते...फिर भी चौतरे पर बैठते ज़रूर हैं। पहलवानी के दिन चले गए। गले पर झुर्रियाँ लटकने लगी हैं। सब कुछ सूख गया है। कहाँ चला गया ठंडाई वाला ? अब सिलौटी नहीं है। बादाम की सफ़ेद-सफ़ेद गिरी कोई नहीं पीसता।...कौन ? हाट की दुकानों के बाहर तसला धरे कौन बैठा है ?...मैं पहचान जाता हूँ। वही है। बड़ा हो गया है...मगर बीमार है...नहीं तो बुढ़ा गया है। क्या कर रहा है ?...भीख माँग रहा है ?...करवा...चिरकुटवा...गंधउरा...! कितने नाम थे ! अब एक भी नहीं बचा। भिखारी हो गया है...अंधा भिखारी। हाँ...वही है। भैंसें चराने जाता था। लड़कपन था...फिर भी आँखों की रोशनी जाने लगी थी। झबूले सिंह गरियाते थे। ससुरा...भैंसी भी नहीं पहचान पाता ? चराने ले जाता झबूले सिंह की भैंसी...ले आता था किसी और की। गाली भी खाता था और मार भी। पर रोशनी का जाना बंद नहीं हुआ। गढ़इया के पास की परती ज़मीन पर भैंसें फैल गयीं। करवा ढूँढ़ नहीं पाता। हम लोग

दौड़ते हैं...चिढ़ाते हैं।...करवा हियाँ !...करवा हुआँ !...हुआँ नहीं...हियाँ !...हियाँ नहीं...हुआँ ! करवा यहाँ दौड़ता है। करवा वहाँ दौड़ता है। करवा रुक गया है...भुखा गया है। हम लोग गीली मिट्टी की छोटी-छोटी गोलियाँ बना लेते हैं।...करवा चना खाएगा ? ले...चना ले। करवा हाथ बढ़ाकर ले लेता है। लेकिन बहुत चालाक हो गया है। शक हो जाता है। बुझती आँखों के एकदम पास ले जाता है...फेंक देता है। हम हँसते हैं। लेकिन करवा भूखा है। चबेना खाएगा। मैं अँगोछे की गाँठ खोलता हूँ। करवा कुटुर-कुटुर खाने लगता है।...

हाट का हल्ला जारी है। मैं धीमी आवाज़ में कहता हूँ, 'करवा !...ए करवा !...चिरकुटवा... !'

ख़ाली तसले में एक-दो सिक्के पड़े हुए हैं। अब करवा अंदाज़ रहा है।...'कउन ?...को आय ?'

मैं पास पहुँच जाता हूँ।...'करवा !...हमको पहचानते हो ?...हम...हम...!'

लेकिन मैं चुप हो जाता हूँ।...हम क्या हैं...कौन हैं !...हमारी क्या पहचान है ?...यही कि बहुत साल पहले हम भी यहाँ की धूल और मिट्टी में पड़े हुए थे।...हाट का कोलाहल जारी है। मैं वहीं पत्थर पर बैठ जाता हूँ।...दूर पर उलटा बकरा बाँसों के सहारे लटक रहा है। क़लिया बिक रही है। ढीमरनियों ने मैले कपड़ों पर मछलियाँ फैला रखी हैं।...मैं फिर पुकारता हूँ...'करवा ! हम हैं...!'

लेकिन करवा नहीं पहचानता। अब वह किसी को नहीं पहचानता। अब उसने पहचानना बंद कर दिया है। अब वह डरा हुआ...सहमा हुआ...पगलवा हो गया है। मैं कहता हूँ...'यहाँ काहे बइठे हो करवा ?'

करवा अब सिर्फ़ नाक की सीध में देखता है।...'ईश्वर जौन आज्ञा देता है...हम वहै करते हैं !'

मैं चुप हूँ। फिर पूछता हूँ, 'ईश्वर तुमको यहाँ बैठाया है करवा ?'

अब ईश्वर के सिवा करवा का कोई नहीं है। मैं पूछता हूँ, 'करवा तुम भीख काहे माँगने लगे !'

करवा फिर सिर हिलाता है।...'जौन भगवान की मरजी होती है...वहै करना पड़ता है... !'

करवा का एक भाई था...बँदरवा। कहाँ है...मालूम नहीं। इसमें भी भगवान की मरज़ी है। करवा चुप रहता है। जितना पूछो...बस उतना जवाब देता है।...कोई-कोई कहते हैं कि बँदरवा कोढ़ी हो गया था...मड़ैया से बाहर नहीं निकलता था। अँधेरे-अँधेरे लौट आता था। मगर गाँव को मालूम पड़ गया। बात फैल गयी। फिर एक बार रात गए बँदरवा जो गया तो अभी तक नहीं लौटा। मगर लौटेगा ज़रूर। कब लौटेगा ? जब भगवान् की मरज़ी हो जाएगी।...हम लोग लम्बी चुप्पियों से गुज़रते जाते हैं। बीच-बीच में बोल उठते हैं। फिर चुप हो जाते हैं। मैं पत्थर पर बैठा हाट की दुकानों को ताकता रहता हूँ। करवा का तसला अब भी ख़ाली है। लेकिन करवा की पोटली में कुछ है। बहुत सहेजकर रख छोड़ा है।...'यह में का है करवा ?'...करवा छिपा लेना चाहता है। बड़ी मुश्किल में खोलता है।...लोहे का एक छल्ला...रुई...एक दो सिक्के...एक़ पुरानी बंडी।...करवा डरता है। कहीं कोई छीन न ले। यही उसकी जमा पूँजी है।

अब दुकानें उठने लगी हैं। अब लोग लौटने लगे हैं। दूर-दूर जाना है। जाड़े के दिन हैं। अँधेरा घिरने लगा है। आवाज़ें दूर जाने लगी हैं। नमक और आटे के बोरे बँध गए हैं। मैं चुप हूँ। मुझे कहाँ जाना है ? उन खेतों की तरफ़ जहाँ हरे-हरे पौधों पर पीले-पीले फूल और पीले हो गए हैं ! उन बाग़ों की तरफ़ जहाँ महुए के फूलों की गंध फैली हुई है, पेड़ों पर मोटी-मोटी चींटियाँ चढ़ रही हैं और झाड़ियों पर बड़ी-बड़ी मकड़ियों ने जाले तान दिए हैं ? लेकिन मैं कहीं जाना नहीं चाहता। कोई चीज़ मुझे अपनी तरफ़ नहीं खींचती। मैं सिर्फ़ उठना चाहता हूँ...और चलना चाहता हूँ।...करवा अब भी बैठा है। उसकी आँखें नाक की सीध में ताक रही हैं...जहाँ कुछ दिखाई नहीं देता।

मैं चलते-चलते कई गलियारे पार कर लेता हूँ। किसी गाय के रँभाने की आवाज़ आती है। मैं ठहर जाता हूँ। यह सेंगरिन दाई का घर है...गोवाड़ा। मैं आवाज़ देता हूँ...'दाई...घर माँ हौ का ?'

दाई बाहर निकल आती है।...'बाहेर काहे ठाढ़ हौ ? भीतर आओ पूत!'

भीतर गैया बँधी है। एक तरफ़ झाँखरों और कड़बे का अंबार। बीच में झाँखरों की बाड़ से आड़ बनायी है। वहीं माटी का चूल्हा है। एक कथरी बिछी है। एक गगरी धरी है। मैं कथरी पर बैठ जाता हूँ। दाई मैली धोती के खूँट से आँखें पोंछती हैं।...बहुत दिन बीत गए। अब कुछ बाक़ी नहीं रहा। एक आदमी चला गया। एक औरत बस उसकी याद करती है। आदमी कैसे मरा ! कैसे दग़ा दे गया ! एक औरत को बुढ़ापे में अकेला छोड़ गया।...मैली धोती का खूँट बार-बार आँखों पर चला जाता है। फिर रोती हैं...फिर बोलती हैं।...'दुई हथपई सेंक लेइत है। एक सबेरे खाइत है...दुसरी संझा बख़त। जब ते सेंगर गए...अइसे ही दिन निकारित है... !'

मैं बहुत देर बैठा रहता हूँ। गुज़रे ज़माने की कहानियाँ सुनता हूँ। एक आदमी का गुज़र जाना...एक पूरे ज़माने का गुज़र जाना है। सेंगर के गुज़र जाने की कहानी...एक पूरे ज़माने के गुज़र जाने की कहानी है। कैसे-कैसे दिन निकले ! काल पड़ा। हैज़ा आया। प्लेग आया। कभी दोनों जून की जुड़ी...कभी नहीं जुड़ी। बीमारी...आरामी...सबमें साथ-साथ रहे। बड़ी-बड़ी मान-मनौती हुई...पूजा-पाठ हुए...हैसियत के मुताबिक़ दान-दच्छिना हुई...तब कहीं यह भैरवा हुआ। इसका मुँह देख-देख के दोनों आदमी जिये। फिर भैरवा बड़ा हो गया और शहर चला गया। अब दोनों प्रानी फिर अकेले रह गये। चिड़िया का बच्चा बड़ा हुआ...और फुर्र हो गया। सेंगर भी टूट गये। खटिया पकड़ ली। चुपचाप पड़े रहते थे। मन का दुख कभी किसी से कहा नहीं। घुलते चले गये।...दाई रो रही हैं।...'जौन सबेरे जाना था...रात भर बस भैरवा-भैरवा रटते रहे। सबेरे फिर भैरवा कहा। हमसे पूछा...भैरवा आवा ? हम कहा...अबै तक तो नहीं आवा। चुप हो गये। टुकुर-टुकुर देखते रहे।...बस...घंटा भर मा खतम हुई गए...।'

बात बहुत भारी हो गयी है। दाई चुप हो गयी हैं। मैं भी चुप हूँ। दाई उठकर पुकारती हैं...'तुलसा !...ए तुलसा !'

इस लड़की को मैं पहचानता हूँ।...बहुत पहले...नाक बह रही है और बकरी चरा रही है।...दाई पूछती हैं...'चीन्हते हो ?'

मैं हँसता हूँ। बहुत बड़ी हो गयी है और बहुत बदल गयी है। मैं कहता

हूँ, 'नकटी नउनियाँ ...नकफुसरी नथुनिया...!'

हम ज़बरदस्ती हँसते हैं।...ऐसे ही चिढ़ाते थे...लेकिन हँसी दूसरी होती थी। चंदा नाउन की बिटिया है। ब्याह हो गया है...मगर ससुराल वाले गौना नहीं करते...रक़म माँगते हैं। तुलसा अब भी बकरी चराती है, इधर-उधर का कामकाज करती है।...तुलसा हँसती नहीं। मेरी तरफ़ देखती नहीं। झाँखरों को मोड़-तोड़कर चूल्हे में डाल देती है और आग लगा देती है। फिर लगातार लपटों की तरफ़ देखती रहती है। बटलोई काली पड़ जाती है और मेरे लिए चाय तैयार हो जाती है। गुड़ का डल्ला धीरे-धीरे घुलता जाता है। मैं चाय पीता जाता हूँ। तुलसा बिना देखे चुपचाप चली जाती है। दाई बहुत तारीफ़ करती हैं। हारी-बीमारी में बस इसी का आसरा है। अब कुछ नहीं रहा है। जितनी ज़िंदगी काटनी है, गोवाड़ा में ही काटनी है।

सोचते-सोचते बहक जाता हूँ।...बाबा मर गये हैं...लेकिन पूरी तरह मरे नहीं हैं...क्योंकि मेरे दिमाग़ में ...मेरे ख़यालों में ज़िंदा हैं। मगर एक दिन वहाँ से भी मर जाएँगे। रोज़ आने वाले ख़याल कभी-कभी आएँगे...फिर कभी-कभी आना भी बंद हो जाएगा। बाबा सचमुच मर जाएँगे। क्यों लगता है कि ज़्यादा समय नहीं लगेगा ? यह मौत भी जल्द ही हो जाएगी।

...शाम का धुँधलका घिरने लगा है। कोई आवाज़ दे रहा है। मैं मुड़कर देखता हूँ...सिवचरन बुला रहा है।...कहाँ ठंडी में मारे-मारे फिर रहे हो ?...हियाँ आ जाओ...थोड़ा गरमा लेव ?...मुँड़ेरों के ऊपर पेड़ हैं। पेड़ों के ऊपर धुआँ उठ रहा है।...सचमुच ठंड कुछ ज़्यादा हो गयी है। रात हुई नहीं...लेकिन ठंड पूरी तरह शुरू हो गयी है।...आँगन में खटिया पड़ी है और आग जल रही है। किनारे एक लंबा घूँघट बर्तन धो रहा है। भीतर से किसी के बार-बार खाँसने और कराहने की आवाज़ आ रही है।...दोनों घुटनों को पेट से सटाये सिवचरन कोई कहानी कह रहा है।...दादा थे...तपेदिक़ में चले गये। अब भइया पड़े खाँस रहे हैं। थूकते हैं तो ख़ून निकलता है। बुख़ार हमेशा रहता है। दिन-दिन सूखते जा रहे हैं। बाल-बच्चे कुछ हैं नहीं। मेहरिया छोड़ के चली गयी है। ब्लॉक के अस्पताल में बार-बार दवाई दी...कुछ नहीं हुआ ? दुई-तीन बार बालापुर और हरगंज ले गये। डॉक्टर लोग फ़ीस नहीं लेते

हैं...ख़ून निचोड़ लेते हैं। साढ़े तीन-चार हज़ार का क़र्ज़ा हो गया है। दादा की बीमारी के बखत का क़र्ज़ भी चढ़ा है। बिना शहर गये काम नहीं चलेगा। रक़म बड़ी है। वहीं से कमाई जाएगी। छोटा-मोटा धंधा रोज़गार !...ख़ोंचा...सागभाजी... ठेला...या फिर रिक्शा। और कोई रास्ता नहीं है।...मगर शहर जाएँ कैसे ? जब तक भइया घर में बीमार पड़े हैं...जा नहीं सकते। उनका कोई और है नहीं। अब यही राह देख रहे हैं कि क़िस्सा जल्दी ख़तम हो तो गाँव से निकलें।...सिवचरन मुँहफट हो गया है।...'जौन होना है...जल्दी काहे नहीं होता ? इतना टैम काहे लग रहा है ?'

अजीब लगता है मुझे। समझाने की कोशिश करता हूँ। ...'ऐसा काहे बोलते हो भाई ? जब तक साँस तब तक आस। जीना-मरना कोई आदमी के हाथ में है ! क्या पता कब क्या चमत्कार हो जाए। मरते-मरते जी जाते हैं लोग!'

बुरा मुँह बनाता है सिवचरन।...'अइसा चमत्कार हो गया...तो समझ लेव कि फिर हमारी मौत है। ...नहीं भइया ! चमत्कार-फमत्कार अब कुछ नहीं होगा। उनको भी मालूम है कि अब मरना है...हमको भी मालूम है। तो जब यही होना है...तो जल्दी हो जाए।'

...कोठरी में अँधेरा है। चीज़ों के दिखने में टाइम लगता है। भइया रामचरन कुहनियों को तकिये पर टेक कर धड़ उठा लेते हैं। खाँसते हैं...बेदम होकर बैठने का इशारा करते हैं।...बड़ा दु:ख हुआ कि ठाकुर नहीं रहे। बहुत आते थे हमारे पास। बहुत बातचीत होती थी। हम कहते थे...चलो ठाकुर...आगे-आगे तुम चलो...पीछे-पीछे हमहूँ आते हैं। उई तो अपना काम कर दिये...अब हमको अपना काम करना है। राह देख रहे हैं हमारी। जितनी जल्दी पहुँच जाएँ उनके पास...उतना अच्छा है। बहुत समझाते हैं सिवचरन को हम। दवाई-पानी में पइसा मत खरचो। कौनो मतलब नहीं है। सब बात साफ है। जौन होना है...हो के रहेगा। टलेगा नहीं।

...पता नहीं क्या हो जाता है...मैं धीरज बँधाता हूँ।...सब ठीक हो जाएगा। दु:खी होने और चिंता करने की कौनो बात नहीं है। बड़े-बड़े रोग ठीक हो जाते हैं। तपेदिक़ तो अब पहले वाला रहा नहीं है। ऐसी-ऐसी अंग्रेज़ी दवाई निकल गयी हैं कि दुसाध्य से दुसाध्य हालत का तपेदिक़ ठीक हो जाता

है।...अचानक खाँसी उठ जाती है। खाँसते-खाँसते फिर बेदम हो जाता है आदमी। बलग़म के साथ ख़ून के थक्के फैल जाते हैं बिस्तर पर। सिवचरन हाथ फेरता है पीठ पर।...कहाँ है तपेदिक की दवाई ? यहाँ आसपास तो कहीं नहीं है। यहाँ एक बार हो जाता है...तो मरना पड़ता है। और कोई रास्ता नहीं होता। होता है कई हज़ार का क़र्ज़। उसको उतारने के लिए शहर जाना पड़ता है...रिक्शा चलाना पड़ता है... ख़ोंचा लगाना पड़ता है...क़ुलीगीरी करनी पड़ती है...न जाने क्या-क्या करना पड़ता है।...कुछ और भी काम हैं। आदमी करे तो बहुत जल्दी मालदार हो सकता है। धुन्नी पाँड़े को देखो...देखते-देखते कहाँ से कहाँ पहुँच गया। खेत लिये। पक्का घर बनवाया। ट्रैक्टर लिया। बोरिंग लगवाया। कटर थ्रेशर मशीन लगायी। बिटिया का ब्याह और गौना भी धूमधाम से किया। सरपंच, एम-एल.ए. और नेता लोगन में उठना-बैठना हो गया। मगर यह मत पूछो कि काम क्या करता है ? बड़े शहर में रिक्शा चलाते-चलाते दलाल बन गया। कष्टम्बर लोगों को छोकरियों के अड्डों पर पहुँचाने लगा। घर-घर अड्डे चल रहे हैं अब तो। जैसी कमाई इस धंधे में है...वैसी कौनो और धंधा में नहीं है। रिक्शा-फिक्शा सब छोड़ के यही काम करने लगा। बड़े-बड़े सेठन को छोकरी पहुँचाने लगा। नज़र ऐसी मँज गयी कि छोकरी की चाल देख के बता देता था...कुँआरी है कि चालू हो गयी है। मगर कौन पूछता है कि हुआँ कौन धंधा करता है और कइसा पइसा कमाता है। हियाँ गाँव में तो इज़्ज़तदार मालदार बन के बैठा है। बड़े लोगन में उठता-बैठता है। बड़े-बड़े लोग बुला के सलाह करते हैं। बहुत ऊँची पहुँच हो गयी है। मन्दिर बनवाया है। आने-जाने वालों के सोने-बैठने के वास्ते तिद्वारी बनवायी है। कूआँ खुदवाया है। हाट में पौशाला बनवायी है। दान धरम करता है। सब लोग असीसते हैं...और भी फलने-फूलने का आसिरवाद देते हैं।...

...खाँसी उठती है...और थम जाती है...और फिर उठने लगती है। आदमी... बेदम निढाल...बिस्तर पर गिर जाता है। पल भर लगता है...मर गया। लेकिन फिर धीरे-धीरे...कमज़ोर आवाज़ में बोलना शुरू करता है...जैसे कोई बीमार बच्चा रो रहा हो।...पतली सी चीं-चीं की आवाज़ गूँज रही है।...

लेकिन एक सवाल उठ रहा है। उसका जवाब कौन देगा ? बड़ा खर्चा है। ये रुपए कहाँ से आएँगे ? पूजापाठ हवन...पूरी तरकारी...मिठाई...दोने...पत्तल...पंडित...परजा...इन सबका बंदोबस्त कैसे होगा ?...बैदराज रागझा रहे हैं।...जब एक बार सोच लिया है...काम करना है तो करना है। बाधा-बिपदा का विचार करने से काम नहीं चलेगा। जिसका काम है...वही राह भी दिखाएगा। बड़े सुकुल से बात किये बिना गाँव का कोई बड़ा काम सधना नहीं है। वही एक दुआर है जो सबके लिये खुला है। वहीं चलो भैया। वहीं चलके बात-बिचार किया जाए।

...शाम फिरनेवाली है। जाड़े की शाम। ठिठुरती हुई। हम चल पड़ते हैं। लाठी टेकते हुए बैदराज...और पीछे-पीछे चलता हुआ मैं।...

अब घंटियों की आवाज़ें शुरू हो गयी हैं।...हवेली में सुकुलों का जन कटिया काट रहा है। चौपाल में बैठक जमी है। सत्संग हो रहा है। बैरागी जी और सुकुल लोक-परलोक की चर्चा कर रहे हैं। मैं पाँयलागी करता हूँ। दोनों असीसते हैं। चर्चा जारी है।...नमक का पुतला सागर में गया। सागर ही बन गया। नमक का पुतला नहीं रहा। यही आत्मा और परमात्मा है। आत्मा गयी परमात्मा को ढूँढ़ने। आत्मा-आत्मा नहीं रही...परमात्मामय हो गयी।...सुकुल का फ़ोता अब बहुत बढ़ गया है। धोती बार-बार लपेटते हैं। सम्हलता नहीं। मगर चर्चा जारी है।

बड़े सुकुल बड़े दयालु हैं। रुपये-पैसे की परवाह नहीं करते। मदद को तैयार रहते हैं।...बार-बार यही बात होती है। बार-बार हम यही सुनते हैं।...उनसे बात की जाए। कुछ न कुछ ज़रूर करेंगे। उनके मुँह से नाँही कभी नहीं निकलती।...जहाँ गाँव के खंडहरों का सिलसिला ख़त्म हो जाता है और ऊबड़-खाबड़ के बीच हरियाली शुरू हो जाती है...वहीं है नयी हवेली। चारों तरफ़ परकोटे की दीवार है। फाटक से होकर अन्दर जाते हैं। दीवार के अन्दर बहुत बड़ी ज़मीन है जिस पर तीन-चार बड़े-बड़े घर बने हैं। बड़े सुकुल की हवेली...छोटे सुकुल की हवेली...बड़े बेटे का घर...मवेशियों का बाड़ा...कटर ट्रैक्टर वगैरा का छपरा...भूसे और बोरियों का कोठार...पिछवाड़े अंगड़-

खंगड़ का अंबार। फाटक से अन्दर घुसते ही बड़ा दालान है। बड़े सुकुल का बैठका है। तख़्त पड़ा है...मोढ़े पड़े हैं...कुछ कुरसियाँ भी हैं।...जब मैयत हुई थी...एक बार आये थे। सब पूछपाछ कर चले गये थे। कह गये थे कि कौनों चीज़ की ज़रूरत हो तो कहला भेजना...संकोच मत करना।...अब सत्संग हो रहा है।...कोई साधु महाराज आये हैं। कभी हिमालय में रहते हैं...कभी विंध्याचल में। अब सेतुबंध रामेश्वर जा रहे हैं। अभी यहीं ठहरे हैं। रोज़ सत्संग होता है...प्रेम और भक्ति की गंगा बहती है...सब लोग बार-बार डुबकी लगाते हैं...जीवन सफल करते हैं। ऐसा आनंद दुर्लभ है।...हम लोग मोढ़ों पर चुपचाप बैठे हैं। सत्संग में भंग नहीं हो सकता। चुपचाप बैठने के सिवा कोई रास्ता नहीं है।

लेकिन मैं परेशान हो जाता हूँ। प्रेम भक्ति गंगा की धारा रुकती ही नहीं है। महाराज की वाणी का अंत नहीं है। ज्ञान का सागर अगाध है।...ब्रह्म और माया का यह खेल कोई और नहीं जानता। रस्सी को साँप समझ लिया। माया का खेल है। ज्ञान का उदय हुआ। रस्सी को रस्सी रूप में देखने लगे। जगत् रूप को देखना साँप रूपी भ्रम है। जगत् में ब्रह्म रूप देखना रस्सी को रस्सी रूप में देखना है। ज्ञान से ही सत्य रूप दिखता है। वहीं से प्रेम और भक्ति का उदय होता है।...मैं कुछ बोलना चाहता हूँ...लेकिन बोल नहीं सकता।...रस्सी है या साँप...इसका फ़ैसला तो हुआ नहीं है। कोई नहीं जानता कि यह क्या है ? बाबा अब तक थे। अब नहीं हैं। क्या यह भ्रम है कि अब तक थे...अब नहीं हैं ? या अब तक नहीं थे...मगर अब हैं ? दुनिया का सच किसने देखा है ? कौन कह सकता है कि मैं जानता हूँ...साँप भ्रम है...रस्सी ही दुनिया का सच है।...मेरी परेशानी बढ़ जाती है। लगता है...यह भी खेल है। खेलनेवाले खेलते हैं और हम सब आँखें बंद कर लेते हैं। फिर सब कहते हैं कि दुनिया का सच उन्होंने देख लिया है। वह रस्सी है...ब्रह्म है। साँप नहीं है...जगत् नहीं है। यह सब माया है...अज्ञान है।

...महात्माजी अचानक चुप हो जाते हैं। सभी लोग आँखें खोल देते हैं...एक झूठी दुनिया में लौट आते हैं। प्रवचन के बाद ध्यान का समय हो गया है। महात्मा जी पूजा घर में जा कर समाधि लगा लेंगे। काफ़ी लोग इधर-

उधर दुनियादारी में लग जाएँगे। बड़े सुकुल इशारा करते हैं...हम लोग पीछे ओसारे में आ जाएँ। बैदराज मुझे बुलाते हैं।...ओसारे में और कोई नहीं है...हम ही लोग हैं। साफ़-साफ़ बात हो जाएगी।...लेकिन मुझे क्यों लगता है कि बड़े सुकुल सब जानते हैं। हम क्यों आये हैं...उनको मालूम है।...हम आएँगे...यह भी उनको मालूम था। कोई ताज्जुब नहीं है। इसके लिए पहले से ही तैयार रहे हैं।...ओसारा ख़ाली है। एक आराम कुर्सी है...दो-चार मचिया पड़ी हैं। मैं दोबारा पालागी करता हूँ। बड़े सुकुल असीसते हैं। संसार का माया-मोह झूठा है।...तुम्हारे बाबा चले गये। उनकी मुक्ति हो गयी। बहुत दु:ख भोग रहे थे। आगे-पीछे कोई देखने-भालने वाला नहीं था। काया भी शिथिल हो गयी थी। हाथ-पाँव साथ नहीं दे रहे थे। ठीक ही हुआ जो चले गये। और जीते तो और भोगते। क्या फ़ायदा ऐसे जीने से ? वह अपना कर्त्तव्य-कर्म कर गये। अब हमको अपना कर्तव्य-कर्म करना है।

...बड़ा विचित्र है आत्माओं का संसार। ये अशांत भटकती रहती हैं। सब देखती हैं...सुनती हैं...वही सब चाहती हैं जो संसार के प्राणी चाहते हैं। इनको अन्न चाहिए...जल चाहिए...वस्त्र चाहिए। कोई-कोई आत्माएँ नगद पैसा भी माँगती हैं। लेकिन इनको सीधे कुछ नहीं दिया जा सकता। विधि-विधान का पालन करना पड़ता है...पंडितों और पुरोहितों को दान-धर्म करना पड़ता है। वही इनको मिलता है। यह सब न किया जाए तो हमेशा अशांत भटकती रहेंगी। कब तक...कोई नहीं जानता।...बाबा जीवन भर अशांत रहे। जाते-जाते फिर कह गये कि कुछ मत करना। दान-धर्म...पूजा-पाठ...पिंडदान...ब्रह्मभोज...सबको ठोकर मार देना। उनकी आत्मा को अशांत रहने देना...सदा-सदा भटकने के लिए छोड़ देना।...मगर ये सब लोग ऐसा नहीं होने देंगे। बड़े सुकुल सोचते हैं...फिर मूड़ हिलाते हैं। बैदराज उनका साथ देते हैं।...यही ठीक है। ऐसे टैम पर रुपया-पैसा नहीं गिना जाता। आत्मा की शांति ही मुख्य है। जौन कुछ रुपिया-पइसा लगेगा...सुकुल देंगे। हिसाब-विसाब सब बाद में होता रहेगा।...मैं कुछ कहना चाहता हूँ...मगर छोटा हूँ। जब बड़कू आएँगे तो उनसे बात होगी। मैं तो वही सब करता जाऊँ जो बड़े-बूढ़े कहते हैं। फिर भी मैं बोलने लगता हूँ...इस तरह कि जैसे किसी अपराध

की माफ़ी माँग रहा हूँ। ...'हमसे तो बाबा बोले थे...कि कुछ मत करना दान धर्म...पूजा पाठ...कुछौ नहीं। जो आत्मा जीवन में सुख नहीं पा सकी...उसको मरने के बाद भी सुख न मिले...यही उनकी इच्छा थी...।'

बड़े सुकुल के मुँह का भाव कुछ बदल जाता है। एक बार बैदराज की तरफ़ ताकते हैं...फिर बढ़े हुए फ़ोते पर कसकर धोती लपेट लेते हैं। मेरी तरफ़ मुड़कर कहते हैं,'मरने वाले की मति थिर नहीं रहती है। उनकी मति पहले भी थिर नहीं थी। तुम लोगन ने तो उनका ख़्याल रखा नहीं। हमहीं लोग देखते-भालते थे। रुपिया-पइसा...चीज-बस्त...सबसे मदद करते रहते थे। हाथ बहुत तंग रहता था उनका। हमारे पास ही आते थे। ले जाते थे।...जीते जी उनको दिया...तो अब मरने पर ऐसे ही छोड़ देंगे ! अइसा नहीं होगा। जौन कुछ धरम-करम है...किया जाएगा। इसमें कौनो मीन-मेख नहीं चलेगा।...काहे बैदजी महाराज...ठीक कहते हैं ?'

बैदराज सिर हिलाते हैं।...'आप लोग ही तो हैं जो ठीक बात कहते हैं।...बाकी और है कौन...जो नीति की बात कहे। धरम-करम जौन बचा है...आप ही लोगन के कारन बचा है।...चलो बचवा !...तुम्हारा काम हुई गवा। सारा बंदोबस्त हुई जाएगा। अब फिकिर की कौनो बात नहीं है।'

बड़े सुकुल उठते-चलते कम हैं। ज़्यादातर काम बैठे-बैठे ही करते हैं। फ़ोते का ऑपरेशन नहीं कराया। कहते हैं...पास के गाँव का कोई पासी था...ऑपरेशन होते-होते ही मर गया। तबसे सोच लिया...चीरफ़ाड़ नहीं कराएँगे। बढ़ता जा रहा है...बढ़ने दो।...धूप मुँडेरों तक पहुँच गयी है। बड़ी जल्दी ग़ायब हो जाती है।...सुकुल का आदमी आएगा। सारा इंतज़ाम हो जाएगा।...मैदे की पूरियों के साथ कुम्हड़े की तरकारी...। आलू की तरकारी और बन जाएगी। साथ में मीठी बूँदियाँ। मिठाई हो जाएगी। इतना बहुत होगा। पक्की रसोई होगी। ब्राह्मण लोग भी खाएँगे। सेंगर ठाकुरों की सारी बिरादरी आएगी। बाक़ी ठाकुर भी आएँगे। इसके बाद परजा भी होगी। चार गाँवों में लोग असीसेंगे।...ठाकुर की आत्मा को शांति मिलेगी। यही आख़िरी संबंध होगा। मरनेवाला मुक्त होकर कहीं और चला जाएगा। हमारा उसका सारा लेन-देन ख़त्म हो जाएगा। हम उससे उरिन हो जाएँगे। वह कहीं और

होगा...हम कहीं और होंगे। लेकिन वह होगा ज़रूर। क्योंकि हम नहीं मानते कि मौत आदमी का अंत है। आदमी सचमुच ख़त्म हो जाता है...इस ख़्याल से घबराहट होती है। इसीलिए आत्मा का होना ज़रूरी है...यह कहना ज़रूरी है कि...नैनं छिन्दन्ति शस्त्राणि !...न शस्त्र छेद सकता है...न आग जला सकती है।

...पर पता नहीं क्या हो गया है। सोचता रहता हूँ...

अब अँधेरा घिरने लगता है और धुआँ उठने लगता है। सरदी कुछ बढ़ जाती है। मैं टूटे हुए मकान में लौट आता हूँ। दादी चुप हैं। आँगन में ख़ामोशी है। नहाँ पर पड़ी एक कथरी पर मैं गिर जाता हूँ। ख़यालों पर ख़याल...गुज़रते जा रहे हैं। जिनकी कोई जगह नहीं है...वे कहाँ जाएँगे ? क्या वे सब मिल जाएँगे ? अपने लिए जगह बनाने की लड़ाई में शमिल हो जाएँगे ?...मुझे थकावट महसूस होती है। मैं सोने की कोशिश करता हूँ।...कोई आवाज़ दे रहा है।...यह क्या ? यह बिरिया सोने की है ? संझा बखत सोना अच्छा नहीं होता।...

मातमपुरसी वाले आ गए हैं। आँगन की आग जलने लगती है।...भगवान् मरनेवाले की आत्मा को शान्ति दे।...पार साल बहुत सरदी पड़ी थी। इस बार भी पड़ने लगी थी, लेकिन अचानक बादल घिर आये। सरदी कम हो गयी। जब बादल छँटेंगे...कड़ा जाड़ा पड़ेगा।...अब बातें दूसरी तरफ़ चली गयी हैं।

'तगाई का पइसा सोसाइटी वालों की जेब मा चला गवा।...कोऊ लउटावा...कोऊ नहीं लउटावा...!'

'असेम्बली मा गिरांट मंजूर करवायी कि इलाका पिछड़ा है...हर साल झूरा पड़ता है...तरक्की करना है।...इलाका वहै रहा...गिरांट का पइसा लोग बाग मिल-जुल के बाँट लिए।...उनकी तरक्की हुई गई...!'

'हरगंज मा खबर है कि विलायत वाले यहाँ कारखाना खोलेंगे। खाद बनेगी। विलायत वाले आएँ कि अमरीका वाले...कि रूस वाले...तरक्की तबै होइहै जब ई सब आएँगे। तब तक तरक्की नहीं हुई सकत...!'

'मुहब्बत सिंग अउर सुकुलों की चाँदी हुई रही है।...मुहब्बत डाका डरवाते हैं...बड़े सुकुल माल रफा-दफा करवाते हैं ?'

'बोटिंग के बखत बोट डलवाते हैं...नहीं तो बंदूक-पिस्तौल दिखाते हैं...!'

'अब जमाना बदल गवा है। कहार...बारी...पासी...चमारन के लउंडा लोग घर-घर तमंचा बना रहे हैं। देखा नहीं...झरखेड़ा के तालुकदार का दिन दहाड़े खतम कै दिया...! मुहब्बत और सुकलऊ का भी यहै हाल होगा...'

'मुला ई तमंचा चलावै वाले सारी ज़िंदगी फरारी मा बितावत हैं। गाँव मा लउट नहीं पाते।...देवीदीन कबते फरारी मा है...!'

'गाँव मा ससुर धरा का है। न धंधा...न रोजगार...न खेती। सहर मा जाओ...उलटा-सीधा काम करौ...तो गाँव मा भी बरक्कत है। सुकुल के दूनो भाई सहर मा आखिर करते का हैं। नेपाल बाडर से अफीम...चरस...गाँजा...!'

चारों तरफ से लोग एक साथ बोल रहे हैं। गाँव छोड़-छोड़ के लोग चल पड़े हैं। मेहरिया...बच्चा...गोरू...सब। कहीं रोटी मिल जाए। कहीं काम मिल जाए। पाला पड़ रहा है। आसमान के नीचे पड़े हैं। जी रहे हैं और मर रहे हैं।...झरखेड़ा के बनिया की दुकान लुट गयी। ज़िला और तहसील से सिपाही आ रहे हैं। सुकुल...मिसिर...मुहब्बत सिंग...सब अपनी-अपनी फ़ौज तैयार कर रहे हैं। महाजन और दुकानदार...सब पैसा दे रहे हैं। ज़िला और तहसील के सिपाही कहाँ-कहाँ दौड़ेंगे ! सबको अपनी जायदाद जान से जादा प्यारी है। आख़िरी दम तक लड़ेंगे...छोड़ेंगे नहीं।

'माया और मोह का उपदेश खाली हमारे और तुम्हारे लिए है...जिनके पास कुछ नहीं। यह भी बचाव का पैंतरा हैं। हम और तुम...रूखे-सूखे जइसे हैं...बस वइसे ही रहें। ये अपनी चकाचक छानते रहें...।'

'यहि की अइसी-तइसी,' कलवा भाट बोल रहा है, 'हम तो हेंईं रहेंगे...इनकी छाती पर मूँग दलेंगे...कहूँ नहीं जाएँगे...।'

अब बात का रुख़ फिर बदल गया है। पास के गाँव में एक बाम्हन ने ठकुराइन रख ली है। मज़ा आ रहा है।

'अपने गाँव के रघुनंदन सुकुल के लिए रास्ता साफ़ हुई गवा है।...ई सहुआइन लइहैं। तन बुढ़ा गवा तो का...मन तो अबै जवान है...।'

हँसी होती है। पल भर के लिए हम भूल जाते हैं कि कोई मर गया है।

अब अँधेरे में कोई ज्ञान की बात कर रहा है।...'जन और जमीन की कोई जात नहीं। जौन बीज डारौ...वहै जात हुई जात है...।'

पल भर चुप्पी रहती है। कोई कहता है, 'मगर जमीन अउर जमीन में भी फरक होता है।...काहे कलऊ...ठीक कहते हैं न ?'

फिर हँसी होती है।...

मैं अन्दर कोठरी में लेट गया हूँ।...वही मिट्टी का दीया और अगरबत्तियों का धुआँ। कोने रखी हुई लाठी। खूँटी से लटकता हुआ झोला। मैली धोती।...फिर तस्वीरें सी गुज़रने लगती हैं। चेहरे उभरने लगते हैं।...बड़कऊ आ गए हैं। फिर देरी हो गयी। कभी टैम पर नहीं पहुँचे।...अब बड़कऊ बोल रहे हैं।...पहले सोचा था...क्या करेंगे जाके...मगर फिर चले आये।...इस आदमी के साथ हमारा संबंध ही क्या है ? न कभी साथ रहे...न कभी एक-दूसरे का कुछ बाँटा। अपना-अपना जो कुछ था अलग-अलग ख़ुद ही भोगते रहे। ज़िंदगी का नाता कभी नहीं रहा...तो अब मौत का ही क्यों रहे ?...

चेहरे ग़ायब हो जाते हैं। बड़कऊ कहीं नहीं हैं। रात कैसे कटेगी ? मैं छटपटाता जाता हूँ...जो गुज़र चुका है उसे लौटाना चाहता हूँ। लौटा कर नये सिर से गढ़ना चाहता हूँ। लेकिन एक छटपटाहट के सिवा कुछ नहीं है।

एक हलकापन था। मैंने महसूस किया था कि मैं आज़ाद हो गया हूँ। लेकिन अब फिर सब कुछ बदल गया है। मैं महसूस करता हूँ कि मैं डूब गया हूँ। मेरा दम घुट रहा है...साँस आ नहीं पाती। मुझे बार-बार आवाजें सुनाई देती हैं।...एक आदमी था। हम सबने मिलकर उसे मार डाला।...मैं उसे फिर ज़िंदा करना चाहता हूँ। शायद इससे हम सबके पाप का प्रायश्चित हो जाए।...

लेकिन मैं फिर करवट बदल लेता हूँ। अगर मरने वाला नहीं मरता...तो हम कहाँ जाते ?...हम उसे मारने की एक और कोशिश करते।...

एक कुत्ता फिर भोंक रहा है...भोंकता चला जाता है। मुझे लगता है...मैं सो नहीं सकूँगा। मैं बाहर निकल आता हूँ। सब लोग सो रहे हैं। आसमान पर तारे छिटके हैं। पीछे पतला सा चाँद निकल आया है। सरदी बहुत है। मैं तेज़ चलने लगता हूँ।

एक सर्द अँधेरे में सारा गाँव डूबा हुआ है। कच्ची दीवारों पर अँधेरे साये

फैले हैं। झाँखरों के छवैये लटक रहे हैं। कोई एक बछिया रँभा रही है। दूर कहीं जलती हुई घास दिखाई दे रही है।

मुझे नहीं मालूम कि मैं कहाँ जा रहा हूँ। अहीरों और कुर्मियों के घर पीछे छूट गये हैं।...तारे कहाँ पहुँच गये हैं ?...क्या रात का तीसरा पहर शुरू हो गया है ?...क्या मेरे साथ-साथ कोई और चल रहा है ? मैं चुपचाप किसी को पुकारना चाहता हूँ। मैं किसका नाम लूँ ?

बहुत सी मेड़ें गुज़रती जाती हैं। मैं काफ़ी दूर निकल आता हूँ। यहाँ परती ज़मीन है। जगह-जगह आग जल रही है। पेड़ों के नीचे लोग पड़े हुए हैं। कुछ सो गये हैं...कुछ जाग रहे हैं। कोई बच्चा रो रहा है। कोई माँ पुचकार रही है। कहीं एक-दो भैंसें बँधी हुई हैं। भटकने वालों के डेरे पड़े हुए हैं। कोई चिल्ला रहा है...'कउन है ?'

कोई कह रहा है, 'अरे हियाँ आ जा...बहुत जाड़ु* है...।'

लेकिन मैं चलता जाता हूँ। और भी बहुत सी ज़मीनें गुज़रती जाती हैं। जगह-जगह अलाव जल रहे हैं। खुले आसमान के नीचे भटके हुए लोग बिखरे हुए हैं...सो रहे हैं...जाग रहे हैं...खाँस रहे हैं। बछड़े रँभा रहे हैं...बच्चे रो रहे हैं। कहीं-कहीं कोई ललकारता है। लेकिन मैं गुज़रता जाता हूँ।...

अब टीला आ गया है। अब टीला गुज़र गया है। टीले की ऊँचाई ख़त्म हो गयी है। आसमान के तारे और भी साफ़ दिखाई दे रहे हैं। चारों तरफ़ एक धुँधली धरती फैली हुई है। बीच-बीच में सफ़ेद मेड़ों का अहसास होता है। जगह-जगह जलती हुई आग दिखाई दे रही है। मैं पहचानने की कोशिश करता हूँ।...यहाँ गढ़इया है जो पेड़ों की आड़ में छिप गयी है। यहाँ जमुनियाँ है। यहाँ तलैया है। यहाँ खेत है। यहाँ बाग है। उधर बरई गाँव के घरों का झुरमुट है। इधर बरम बाबा का पीपल है।...इस समय मुझे लगता है कि मरा हुआ आदमी जैसे चारों तरफ़ फैल गया है। हर चीज़ मुझे उसका अहसास दे रही है। मैं लगातार चारों तरफ़ देखता जाता हूँ...लगातार मरे हुए आदमी को महसूस करता जाता हूँ।

---

* जाड़ु = जाड़ा।'

बड़े सुकुल दूर तक सोचते हैं। हमारा घर बहुत बड़ा है। उनके घरों के बीच पड़ता है। मिल गया तो यहाँ से वहाँ तक सब एक हो जाएगा। एक और बड़ी हवेली बन सकती है। उनके छोटे बेटे के लिए हो जाएगी। बहुत बड़ा दिल कर लिया है। ख़र्च में कहीं कोई कमी नहीं है। बाद में एक-एक पाई का हिसाब हो जाएगा।...लेकिन मनुष्य का इसमें कुछ नहीं है। कर्ता-धर्ता तो वह है जो ऊपर बैठा सबकी डोर खींच रहा है। हम-तुम तो निमित्त मात्र हैं।...फिर भी फ़ोते के ऑपरेशन से डरते हैं बड़े सुकुल। लाख समझाते हैं लोग...कि अब तो यह बहुत मामूली ऑपरेशन हो गया है। मगर हिम्मत नहीं पड़ती।...

झबूले सिंह की भैंस हटवा दी गयी है। पूरा ओसारा गोबर से लीपा गया है। ख़ूब साफ़ हो गया है। ऊपर का छवैया ठीक किया गया है। ...एक तरफ़ पूजा-पाठ हवन की जगह बनायी गयी है। दूसरी तरफ़ भट्ठियाँ खोदी गयी हैं।...बाबूलाल खाँसता है। बलगम़ थूक कर कहता है...'देख रहे हो भैया ?...कुछौ करो...?' लेकिन मैं कुछ नहीं कर सकता। तेरहीं की तैयारियों को ताकता जाता हूँ।...चलने का टाइम आएगा...तब भी पैसे लगेंगे। सुकुल के सिवा सहारा नहीं है।...घर चला जाएगा। कहानी ख़त्म हो जाएगी। फिर लौटकर नहीं आएँगे। आएँगे तो बेगानों की तरह।...कहाँ हैं बड़कू ? शायद बचा लें उसे जिसे कहते हैं देहरी...पुरखों की। लेकिन एक बेकार का ख़्याल है। किसकी देहरी...किसके पुरखे ? कौन लौटेगा अब यहाँ ? महीना खांड के लिए लौट भी आए तो क्या

हो जाएगा ? जो मर चुका है...मर चुका है। उसकी लाश को कब तक चिपकाये रहेंगे ? यह दुनिया पीछे छूट रही है। इसका छूट जाना ज़रूरी है। आगे एक और दुनिया है। अब वही हमारी दुनिया है।...सड़क काफ़ी ऊँचाई पर है। उससे हटकर...उससे बहुत नीचे...एक नीची ज़मीन है। चारों तरफ़ का पानी बह कर वहीं आता है। चारों तरफ कीचड़ हो जाता है। वहीं झोंपड़े बना लिये हैं। गंदे कीचड़ और गंदी नालियों के पास बने हुए...हमारे घर। एक दूसरे से सटे हुए। निकलने के लिए पतले-पतले रास्ते। वहीं ज़िंदगी शुरू कर दी है। चारों तरफ़ दूर-दूर तक फैला है शहर। शहर के बीच फैले हुए हैं गड्ढे। इन गड्ढों में हमारी झोंपड़ियाँ हैं। अब यही है हमारा गाँव...हमारा वतन। बीच-बीच में लौट जाते हैं हम। मगर अब ऐसा समय आ रहा है...जब हम लौटना बंद कर देंगे...क्योंकि लौटना धीरे-धीरे फ़ालतू होता जा रहा है।...

दुआरे की खटिया पर लेटे-लेटे सारा आसमान देख सकते हैं हम लोग। लेकिन मैं देखता हूँ कि ...धूप चली गयी है...आसमान बादलों से ढँक गया है। ठंड के इस मौसम में बरसात के आसार ! डर लगता है। पूजा और भोज की तैयारियाँ शुरू हो गयी हैं। कुम्हड़े और बैंगन की तरकारियाँ काटी जा रही हैं। भट्ठी खुद गयी है। कंगलों के बच्चे और कुत्ते मँडरा रहे हैं आसपास...। पूरियाँ बनेंगी। बूँदी भी होगी। सब कुछ सादा होगा। फिर भी ख़र्च काफ़ी हो जाएगा। एक आदमी के मरने का मतलब है यह।...या जश्न है ? एक ज़िंदगी के उखड़कर बिखर जाने का जश्न है। हम यहाँ से जा रहे हैं। यह घर सुकुल के घरों में मिल जाएगा।...यह मातम है।...यह खुशियों का त्यौहार है...विदाई का भोज है।...बाबूलाल टुकुर-टुकुर निहारता है। चुप रहता है...फिर बोलता है।...'का भइया ! तबियत ठीक नहीं है। मूँड़ पिरा रहा है। दबा दें तनिक ?'

मैं 'नहीं' कहता हूँ। अब बोल फूट पड़े हैं। बहुत अफसोस जताता है। लगातार बोलता जाता है।...'तेरहीं नहीं है भइया। जइसे कउनो खुसियाली है। बहुत दिन मा लोग भरपेट खाएँगे...? जौन लोग बुलाये गये हैं...आवैं न आवैं। पर बे-बुलाये लोग जरूर आयेंगे। उनका का मालूम कि केहि की खुसियाली है और केहि की उजड़ाई...।'

मैंने कहा, 'ऐसा नहीं है बाबूलाल ? बड़कू आएँगे तो सब ठीकै होगा।

उई दस्तख़त नहीं करेंगे और सुकुल का सब पइसा चुका देंगे।'

एक उसाँस भरता है हमारा रिश्ते का भाई। बोलना नहीं चाहता...फिर भी बोलता है।...'हम जानित है...बड़कू दसखत जरूर करेंगे। सुकुल जहाँ दुई-चार हज़ार का लालच देंगे...बड़कू तुरत मान जाएँगे।'

इस समय आसमान पर काले बादल जमा हो गये हैं। पहला गर्जन होता है। अनोखे पंडित के कपाल पर चिंता की लकीरें उभर आती हैं। आसमान की तरफ़ हाथ जोड़ कर कहते हैं...'हे इंद्रदेव भगवान्‌ ! थोड़ी कृपा करो। आज का दिन छोड़ देव...!'

इंद्रदेव पंडित की विनती सुन लेते हैं। बादल छँटते नहीं...गर्जन बंद हो जाता है। हवा चलती जाती है। छवैये और छप्पर हिलते जाते हैं। भट्ठी जल गयी है। तरकारी चढ़ा दी गयी है। बड़े परात में पूरियों का आटा गूँधा जा रहा है। फतुही पहने कारीगर काम पर लगे हुए हैं। भट्ठी की आग तेज़ है। माथे पर पसीना चुचुआ रहा है। सरदी में भी पसीना।...बाबूलाल हैरान है। इतनी सरदी में बादल ! मौसम अचानक ही बदल रहा है। बरसात हो गयी तो आगे क्या होगा...मालूम नहीं। जब गिरना था...पानी गिरा नहीं। फ़सल पहले ही झुरा गयी। अब बेमौसम की बरसात हो रही है। इस फ़सल का भी भगवान मालिक है।

लेकिन अनोखे पंडित की विनती से कुछ नहीं होगा। बरसात शुरू हो गयी तो सारा पानी भट्ठी...कड़ाह...और परात पर पड़ेगा। सारा सामान ख़राब हो जाएगा। सारी जेवनार मिट्टी में मिल जाएगी। बड़े सुकुल का जन भागता हुआ आता है। सिवचरन चिल्लाता है...'का रे धुन्नी ! काहे भाग रहा है।'

धुन्नी वैसे ही चिल्लाकर जवाब देता है...'मालिक दौड़ावा हैं। जल्दी करो। चदरा-वदरा जौन मिले...ऊपर बाँधो। पानी बरसा तो पूड़ी तरकारी मिठाई सब मट्टी हो जाएगी। तेरहीं की जेवनार धरी रह जाएगी...।'

अब सब लोग दौड़ रहे हैं...अपने-अपने घरों से चादरें, धोतियाँ, लुंगियाँ ला रहे हैं। डोरियों से बाँधकर छवैये बनाये जा रहे हैं...भट्ठी और आसपास की ज़मीन के बचाव का बंदोबस्त चल रहा है। मगर पूरी जगह घेरी नहीं जा सकती। जहाँ पंगत बैठेगी...वहाँ क्या होगा ? कैसे बैठेंगे खानेवाले

और कैसे बिछेंगी पत्तलें ?...मगर बाबूलाल को कुछ और ही चिंता है।...'अजब लीला है ईस्वर की। अब पानी बरसा रहे हैं। असाढ़...सावन सूखे चले गये। मट्टी झुराय के ऐसी कर्री हो गयी कि हल की धार काट ही नहीं पायी। हल के हत्था पर बैठ-बैठ के जुताई करो...मगर हल धँसे तब ना। बैल बिचारे हाँफ-हाँफ के ज़ोर लगावें...पर मट्टी कटै भी तो बस ऊपर-ऊपर से...।'

कंगला लोग जमा हो गये हैं। मतलब कि आसपास गाँवों में जेवनार की ख़बर फैल गयी है। गाँव भर के बच्चे चक्कर काट रहे हैं। बड़े-बूढ़े भी लाठी टेकते चले आ रहे हैं। सारी चीज़ों पर नज़र डालते हैं...फिर इधर-उधर हो जाते हैं। झबूले सिंह चौपाल की नहाँ पर बैठे हैं... ख़ाली आँखों से बराबर निहार रहे हैं।...दो-तीन महीने हुए बाबा नत्थू सिंह चले गये। मालूम नहीं कहाँ। बार-बार सूखा...बार-बार अकाल। पूरा का पूरा असाढ़ छूँछा गया। खेत सूख गये। नाँदें ख़ाली हो गयीं। गोवाड़े में चारा नहीं। चीपड़ भरी आँखों से गाय-गोरू निहारने लगे। जैसे माँग रहे हों...मुट्ठी भर चारा...पुआल...घास। किससे कहें ?...कोई आता नहीं !...मगर नत्थू सिंह ने गोवाड़े के किवाड़ खोल दिये...रस्सी खोल दी। बैलों के पगहा और नाथ खोल दिये। कहने लगे...गाय गोरू ! सब सुन लेव। हम जा रहे हैं...तुमहूँ जाओ। कबहूँ लौटे तो मिलेंगे। नहीं लौट पाये तो...जैसी हरि इच्छा ! सूघर सिंह कहते हैं...बेच दो। पाँच...दस...बीस रुपैया। जौन मिल रहा है...लै लो ना। क्या करोगे गोरू रख के।...नहीं। हम गोरू नहीं रखेंगे ? बेचेंगे भी नहीं।...यही खातिर कहते हैं...राम-राम ? जहाँ जाना है जाओ। हम भी जा रहे हैं। राम-राम ! सबको राम-राम ! छूँछा आसमान...चटकती धरती...चिलचिलाता घाम ! सब को राम-राम ! हम जा रहे हैं...! झबूले सिंह सोच रहे थे...बाबा लौट आएँगे। मगर तीन महीने हो गये। बाबा नत्थूसिंह नहीं लौटे।...

...अब बूँदा-बाँदी शुरू हो गयी है। सब लोग परेशान हैं। मरनेवाले की आत्मा ख़ुश नहीं है। कौनो कसर रह गयी है। क्या चूक हो गयी है ? बैदराज अनोखे पंडित से उलझ रहे हैं। 'जरूर कौनों कमी रह गयी है। बिचार करो। यह बिघन ऐसे ही नहीं पड़ रहा है।'...अनोखे पंडित आँखें मूँद लेते हैं। ध्यान करते हैं। आख़िर समझ में आ जाता है। मरने वाले की आत्मा धिक्कार रही

है।...बरम बाबा का नेग नहीं किया...और चले हैं तेरहीं का तर्पण करने। ढाई-तीन सौ का खरचा और है। मगर किये बिना निस्तार नहीं हैं। बड़े सुकुल से कहना पड़ेगा।...तब थमेगा यह प्रलय ? नहीं तो सब किया-कराया सत्यानाश हो जाएगा।...बैदराज ध्यान से सुनते हैं। फिर लाठी टेकते सुकुल की हवेली की तरफ़ निकल जाते हैं।

मुझसे लेटा नहीं जाता। उठ कर बैठ जाता हूँ। कहाँ जाऊँ...क्या करूँ...कुछ समझ नहीं आता।...क्या बाबा कहीं हैं ? क्या देख रहे हैं कि यहाँ क्या हो रहा है ? मरने के बाद भी क्या आदमी कहीं रहता है ?...

शहर में सड़क के किनारे की नीची ज़मीन पर झोंपड़ों में हम सब पड़े रहते हैं। कोई कुछ कहता है...कोई कुछ। जब पानी बरसता है...तो पतली-पतली गलियाँ...नाले और नालियाँ बन जाती हैं। झुके हुए दरवाज़ों से पानी अन्दर आ जाता है...कच्ची ज़मीन पर फैल जाता है। सामान उठा उठा कर हम लोग टूटी चारपाइयों पर रखते हैं। छोटी जगहों पर सिमट जाते हैं और पाँव ऊपर कर लेते हैं। फिर सुबह होने का रास्ता देखते हैं। भागती हुई भीड़ में शामिल हो जाते हैं। दौड़कर बस या ट्रेन पकड़ते हैं या भाजी का टोकरा-ठेलिया लेकर बड़े शहर के गलियारों का चक्कर लगाते हैं। भारी सामान लादकर चलती हुई लोकल गाड़ियों में चढ़ने की कोशिश करते हैं।...अब वही हमारा वतन है...लौट कर हम वहीं पहुँच जाएँगे। मरने के बाद अगर कोई आत्मा है...तो वह भी वहीं पहुँच जाएगी। यहाँ नहीं रहेगी। जीते जी बाबा हमारे पास नहीं रह सके। मर कर वहाँ पहुँच जाएँगे। आओ अम्माँ ! तुम भी आ जाओ। जीते जी जो नहीं हो सका...मरने के बाद हो जाएगा। मरने के बाद सारे अधूरे सपने पूरे हो जाएँगे।...

...सब लोग वहाँ चले गये हैं जहाँ पीपल पर बरमबाबा रहते हैं। पंद्रह-बीस आदमी पीछे-पीछे...आगे-आगे अनोखे पंडित और उनका लड़का। नेग किया जा रहा है। फल और मिष्ठान चढ़ाये जा रहे हैं और नगदी रखी जा रही है। धूप और अगरबत्तियों के धूएँ के बीच ऊँची आवाज़ गूँज रही है।...पता नहीं कौन से श्लोक और स्तोत्र पढ़ रहे हैं अनोखे पंडित। अटारियों पर खड़ी हैं औरतें...घूँघट काढ़े हुए। गलियारों में दौड़ रहे हैं बच्चे।...फटे

जाँघियों के ऊपर अधनंगे बच्चे...दौड़-दौड़ कर देख रहे हैं।...अनोखे पंडित का बेटा चोखेलाल...नाच रहा है उछल-उछल कर। सम्हाले नहीं सम्हलता। उतर आये हैं बरम बाबा ! अपना क्रोध जता रहे हैं। अनोखे पंडित मूर्छल घुमा रहे हैं। बरम बाबा को शांत कर रहे हैं। पीपल का पूरा तना लाल हो गया है...सिंदूर की बरसात रुक नहीं रही है। बादलों का गरजना फिर शुरू हुआ...फिर बंद हो गया। लेकिन छँटे नहीं...और गहराते गये बादल।

...नगाड़ा वाला आ गया है। गले में लटका कर पीट रहा है। अनोखे पंडित ज़ोर-ज़ोर से गाने लगे हैं। बाक़ी लोग भी साथ दे रहे हैं। चोखे पंडित उछल-उछल कर बेक़ाबू हो रहा है। गुलाल उड़ रहा है। एक पूरा जुलूस निकल रहा है। सियाराम गुहराता है, 'दादा ? तुमहूँ आ जाओ !' फिर हाथ पकड़ कर मुझे खींच ले जाता है।

बैदराज और बड़े सुकुल गलियारे के किनारे खड़े हैं। जुलूस रुक जाता है। उछलते हुए चोखे को अपने पास बुलाते हैं सुकुल। फिर हलदी, चूना और चावल का छिड़काव करते हैं उस पर। दस-दस के नोट मूड़ पर से घुमाते हैं...पाँवों के पास डाल देते हैं। अनोखे पंडित उठा लेते हैं। नगाड़ा बजता जाता है। चोखे पंडित उछलता जाता है। जुलूस आगे बढ़ जाता है।...कहाँ हैं बड़कऊ ? आये क्यों नहीं ? देखते कि यहाँ क्या हो रहा है।...जुलूस चलता जाता है। मेरी आँखें खुली हैं...फिर भी कुछ देख नहीं पाता।...

बहुत बड़े शहर की झोपड़-पट्टी की रात। सुनसान गलियारों में खंभों के लट्टू टिमटिमा रहे हैं। कोई दरवाज़ा भड़भड़ाता है। कौन है ? रतन लाल है शायद। मिल की पाली ख़तम हो गयी है। सुबह होने वाली है। मगर अभी-अभी तो आँख लगी है। हौसला परसाद...ज़रा दरवाज़ा तो खोलो भाई।...हौसला अनखाता है...उठता है। सवेरे-सवेरे ड्यूटी जाना है। दो घड़ी चैन से सोने भी नहीं देते।...दरवाज़ा खुलता है। सामने बड़कू खड़े हैं।...हौसला झुँझलाता है...देखो रजिंदर...कौन आया है !...चादर तान कर सो जाता है।...मगर मेरी नींद उड़ जाती है। बड़कू को अन्दर लाता हूँ।...मुँह से शराब की बदबू आ रही है। बिस्तर पर लिटाना भी मुश्किल है। बड़कू ख़ुद ही कच्ची ज़मीन पर गिर जाते हैं। हाथ-पाँव फैलाते हैं। एक-दो करवटें...फिर गहरी नींद। या

बेहोशी। अँधेरे में लेटी हुई लाश। मैं नहीं जानता कि क्या करना है। बैठा रहता हूँ...ताकता रहता हूँ...कि टूटे दरवाज़े की दरारों से फीकी रोशनी-झाँकने लगती है।...भागने का वक़्त आ गया है। दौड़ती हुई बस को पकड़ना है। दौड़ते हुए ही पुल पर चढ़ जाना है। दौड़कर चलती हुई ट्रेन पकड़नी है। धक्का-मुक्की से गुज़रकर खड़े होने की जगह बनानी है। स्टेशन आने पर फिर वही करना है। दूसरों को पीछे फेंकना है...ख़ुद आगे बढ़ना है। उतरते ही फिर दौड़ना है। फिर बच्चों को पाठ पढ़ाने हैं...जो बासी हो चुके हैं...जिनके अक्षर घिस गये हैं...जिनकी आवाज़ें खोखली हो चुकी हैं। हम जानते हैं...फिर भी बोलते जाते हैं। मासूम आँखें ताकती रहती हैं...एक पहेली को बूझने की कोशिश करती हैं। लेकिन हमें ख़ुद नहीं मालूम कि जो बोल रहे हैं...उसका मतलब क्या है...आज की ज़िंदगी से कहाँ जुड़ता है।...

...दिन गुज़र जाता है। वापसी का सफ़र शुरू होता है...ख़त्म हो जाता है।...झोंपड़े की कच्ची ज़मीन पर बड़कू अब भी पड़े हैं...लेकिन होश में हैं। आँखें खुली हैं... ज़ंग खायी टिन की तरफ़ ताक रही हैं।...कई बार ऐसा हुआ है। कभी कहीं...तो कभी कहीं।...धीरे-धीरे बोली गयी उनकी बातें सुनता रहा हूँ।...शराब पीकर काम पर गये थे। मैनेजर ने निकाल दिया। फिर मारपीट हुई। फिर जाकर और शराब पी। फिर कहीं नाली में गिर गये। फिर किसी तरह यहाँ पहुँचे...गिरते पड़ते। जेब में जो रुपया-पैसा था...पता नहीं कहाँ गिर गया।...मैं फिर एक बार बोलने की कोशिश करता हूँ।...आदमी जो कुछ करता है...उसकी क़ीमत चुकानी पड़ती है। नशा करोगे तो यही सब होगा। एक बार नहीं...बार-बार होगा। एक दिन आएगा कि जीवन इसी में ख़तम हो जाएगा।...कोई जवाब नहीं देते बड़कू। कनपटियों पर आँसू बहते जाते हैं।...आदत से मजबूर हैं। रात-रात की ड्यूटी थका देती है। जीवन में कोई है नहीं। न पियें तो कहाँ जाएँ ! एक बार जो शुरू होता है...तो चलता जाता है। जब तक गिर न जाएँ...पीते जाते हैं। सब कुछ भूल जाते हैं। अपनी रोटी-रोज़ी...मैके में पड़ी औरत और बच्ची...आगे की ज़िंदगी...पीछे की ज़िंदगी। क़सूर हमारा नहीं...हमारे बाप का है। हमको बहुत पढ़ाया-लिखाया नहीं। किसी काम का बनाया नहीं। अब खटते हैं क़ारखाने में। पेट भर लेते हैं...मगर ज़िंदगी में कोई फ़रक़ नहीं पड़ता। रोज़

कूआँ खोदो...और रोज़ पानी पियो। कितने साल चलेगा यह सब !

यह सही है। बार-बार वही बात। क़सूर हमारा नहीं...हमारे बाप का है। पढ़ा-लिखा कर बड़ा आदमी नहीं बना सका। लेकिन ख़ुद छोटा, मामूली आदमी था...बेपढ़ा लिखा। या दो-चार दरजा पढ़ा। दस्तख़त कर लेता था। छोटा आदमी आख़िर तक छोटा आदमी रहा। दरबान...वॉचमैन...ड्राइवर... मज़दूर। हमको बड़ा आदमी नहीं बना सका। छोटा आदमी बड़ा आदमी नहीं बना सकता। क़सूर बस इतना था कि उसने हमको पैदा किया। पैदा करने के बाद और भी घिसटता रहा। फिर घिसट-घिसट कर एक दिन मर गया। हम हाथ नहीं बढ़ा सके। सहारा नहीं दे सके उसको।...और अब वह बहुत दूर चला गया है।...पता नहीं कहाँ हैं बड़कू ? क्या कर रहे हैं ? जिससे ज़िंदगी भर नफ़रत की...उसकी मौत पर भी नफ़रत करेंगे ? दो बूँद आँसू नहीं बहा सकेंगे ?...

लौट आया है जुलूस...बरम बाबा के पास। नगाड़ा चुप हो गया है। एक और पूजा पीपल के पेड़ की। चोखे पंडित निढाल है। शांत हो गये बरम बाबा। चले गये। असीस गये हैं सबको। अब कोई विघ्न नहीं पड़ेगा। बेफ़िकर होकर निबटा दो सब काम। पूड़ी, तरकारी, बूँदी बनती जा रही हैं। उनका बनना ज़रा भी नहीं रुका। पत्तलें दोने सकोरे...सारी चीज़ें आ गयी हैं। नाँदों में पानी भर दिया गया है। लेकिन बादल भी चले आ रहे हैं। रुकने का नाम नहीं लेते। ठंडी हवा और ठंडी हो गयी है। आसपास गाँवों के कंगलों की भीड़ बढ़ती जा रही है। चारों तरफ़ ख़बर फैल रही है। एक दूसरे को बताते जा रहे हैं।...सुमौली में जेवनार है। सदाव्रत भी है। भंडारा लग रहा है। भरपेट खाना मिलेगा। पूड़ी-तरकारी...मिठाई। सबके लिए है...मुफ़्त। कई-कई साल हो गये...इधर के गाँवों में ऐसा नहीं हुआ। सूखा पड़ता है...फ़सल चौपट हो जाती है। ऐसे में कौन करेगा जेवनार...और कहाँ से होगा भंडारा ?...मगर फिर भी हैं...दानी...धर्मात्मा...परोपकारी। इन्हीं से धरती टिकी है। नहीं तो कब की चली गयी होती रसातल को।...सियाराम सामने खड़ा है।...छोटे ! चलो...तुमको बुला रहे हैं ?...कौन ? अनोखे पंडित। पूजा करेंगे। नाऊ-ठाकुर आये हैं। बाल उतारेंगे।...मैं ज़िद करता हूँ।...बाल नहीं कटेंगे। ये सब पुराने रिवाज हैं। हम नहीं मानते ऐसे रिवाजों को।...चारों तरफ़ चर्चा हो रही

है।...छोटे बाल नहीं कटाएँगे...अपने मरे हुए बाप का तर्पण नहीं करेंगे। कोई फिकर नहीं है...बाबा की आत्मा भटकती है तो भटकती रहे। यही कलियुग है। शहर में जाकर यही सब सीखता है आदमी।

...आँगन में सब जमा हैं। बरोठ की खटिया पर दादी पड़ी है। अब कुछ नहीं बोलती। अंधी आँखों से एकटक ताकती रहती है...वहाँ जहाँ छत की धन्नियों में कीड़े लग गये हैं।...बैदराज...रामप्रसाद...सिवचरन...सब समझा रहे हैं।...नहीं बेटा !...नहीं भैया। अइसा कहीं होता है। बिना बाल दिये पितरों की मुक्ति नहीं होती। आत्मा भटकती रहती है। जन्म-मरण का चक्कर समाप्त नहीं होता।...बाबा ने तुम्हारे लिए बहुत कुछ किया। अब तुम इतना भी नहीं करोगे। ऐसा दु:ख दोगे अपने जन्मदाता को।

चुपचाप सिर झुकाये बैठा हूँ।...क्या बाबा सचमुच कहीं हैं ? जो आदमी चिता की लकड़ियों के बीच पड़ा जलता रहा...अब भी...कहीं है ? पता नहीं क्यों...मुझे भरोसा नहीं होता। जो अपनी साँस नहीं खींच सका...जिसका दिल धड़क नहीं सका... ख़ून जिसकी रगों में बह नहीं सका...वह अब भी यहीं है...भटक रहा है...हम सबको देख रहा है। उसकी शांति...उसका सुख...सिर्फ़ इस बात में है कि उसकी औलाद सिर के बाल कटा दे...पिंडदान कर दे...तर्पण और श्राद्ध का कर्म पूरा कर दे ?...मुझे किसी बात पर भरोसा नहीं होता। लेकिन आसपास जमा हो गये हैं लोग। ज्ञानी हैं...जीवन का भला-बुरा सब देख चुके हैं। सच क्या है ? मुझसे ज़्यादा जानते हैं। मैं क्या हूँ ? कुछ नहीं। उनके सामने का बच्चा। मेरी बात ग़लत है। मेरे सवाल बेमतलब हैं। उनकी बात सच है। और सच यही है कि मरने के बाद भी बाबा मरे नहीं हैं। यहीं हैं आसपास ! मरने के बाद आदमी मरता नहीं। सिर्फ़ वस्त्र बदल देता है। पुराने की जगह नये पहन लेता है। यही ज्ञान है। यही सच है। इसको न मानने की हिम्मत कोई नहीं कर सकता। चौरासी लाख योनियों का सच...सारी दुनिया का सच है।...सब लोग मिलकर मुझे ले जाते हैं...जमनिया के ताल पर। वहीं अनोखे पंडित अपना काम करते हैं। गोबर के कंडों की आग जलायी जाती है। आटे के पिंड बनते हैं। पितरों के लिये अन्न-वस्त्र रखे जाने हैं। मंत्र-पाठ होता है। नाऊ ठाकुर तिलक राम कहते हैं...मूड़ नीचा करो।

मैं बैठ जाता हूँ। सिर झुका देता हूँ। झुकी आँखें के सामने बालों के गुच्छे गिरने लगते हैं। नंगी खोपड़ी पर चलते हुए छुरे को महसूस करता हूँ। खोपड़ी पर अचानक ठंड लगने लगती है।...

नाऊ ठाकुर का भी नेग है। और भी कई लोग हैं। ये सब 'परजा' हैं। सबका नेग है। कटे हुए बाल तलैया में डाले जाते हैं। नंगे बदन तलैया में घुस कर नहाना पड़ता है। जल चढ़ाना पड़ता है। तर्पण होता है। बैदराज समझाते जाते हैं। पिता की जगह हैं। सब मानना पड़ता है। लेकिन ठंड बहुत लग रही है। कँपकँपी सी होने लगती है। बैदराज कहते हैं...धोती ओढ़ लो। वही करता हूँ। मगर कँपकँपी नहीं जाती। बादल उमड़ते चले जाते हैं। ठंडी हवा बहती रहती है। कुछ बूँदें टपकने लगती हैं। सभी के माथे पर चिंता की सलवटें हैं।...अब क्या होगा ? क्या सचमुच पानी बरसेगा ?...बैदराज अनोखे पंडित को डाँटते हैं।...जल्दी-जल्दी निबटाओ। देख नहीं रहे हो कैसी हालत हो रही है। अब बरसे तब बरसे हो रहा है। सावन-भादों तो ऐसे ही निकल गये। अब दैव दयालु हो रहे हैं...बरसने जा रहे हैं। सिवचरन...सियाराम...बाबू लाल...बंसी माली...तिलक राम नाई...सब पेड़ों के नीचे खड़े हो गये हैं। हम लोग जल्दी-जल्दी निबटा रहे हैं। किसी तरह पिंडदान और तर्पण पूरा हो...नहीं तो इस ठंडी में तर-बतर हो जाएँगे। लौटना मुश्किल हो जाएगा। भट्ठी और कड़ाही का क्या हाल है...मालूम नहीं। पूड़ी...तरकारी...बूँदी का क्या हुआ ? कैसे खाएँगे ब्राह्मण देवता ? कंगला लोग भाग गये कि अभी वहीं मँडरा रहे हैं ?

...पानी सचमुच बरसने लगा है। रह-रह कर हवा चलती है...बौछार तेज़ हो जाती है। बैदराज आम के बिरवा के नीचे खड़े हैं...रह-रह कर ठिठुर जाते हैं। अनोखे पंडित ने भी एक छाया ढूँढ़ ली है। लेकिन कब तक बचे रहेंगे हम लोग ! बादल ख़ामोश हैं...मगर बौछार तेज़ होती जाती है। जमनिया के ताल से टोले तक का सफ़र मुश्किल हो गया है। न कोई छाता है...न कोई बोरा। तीन खेत पार करें तो नाऊ ठाकुर का खलिहान आ जाएगा। वहाँ फूस का छप्पर है...छप्पर की छाया है। मगर वहाँ तक पहुँचते-पहुँचते तो एकदम भीग जाएँगे।...खड़े-खड़े परेशान हो गये हैं। पानी और तेज़ होता जा रहा

है। ताल के पानी पर बूँदों का नाच भी तेज़ होता जा रहा है। भयानक लग रहा है। उस पार के खेत लाँघ लें तो तिलक राम का खलिहान आ जाएगा। मगर गलियारे की मिट्‌टी भीग कर घना कीचड़ बन गयी है। खेतों की मेड़ों पर से जाएँ तो चिकनी मिट्‌टी की रपटन बन गयी है। बार-बार रपट कर गिरें...कीचड़ चहला में बार-बार सन जाएँ तो खलिहान पहुँचें। ऊपर से पानी की मार।...तिलक राम और बंसी माली...और सब लोग...हाय-हाय कर रहे हैं। गेहूँ-चना के पौधे मार खा रहे हैं। थोड़ी बहुत जो आस बँधी थी...चली गयी। अब शायद ही कुछ बचे।...आटे के पिंड भीगकर बहने लगे हैं। सियाराम ने किसी तरह ताल में सिरा दिया। छन-छन करती आग धीरे-धीरे बुझ गयी। धुआँ उठा...फिर वह भी बिला गया। अँधेरा घिर रहा है। जाड़े का दिन छोटा...ऊपर से घने बादल।...कौन बोल रहा है ? बैदराज।...सियाराम ! ए भैया ! धोती ओढ़ ले और दौड़ जा तनिक। बंसी माली के घर से छाता...बोरा...बारदाना...जौन मिले...ले आ भैया। और उपाय नहीं है अब ! दैव का कोप है...क्रोध है। थमेगा नहीं। बढ़ता जाएगा।...

...यही ठीक है। बैदराज की बात सबको जँच गयी है। सियाराम की धोती आधी खोली जा रही है...मूड़ पर ओढ़ाई जा रही है। सियाराम हिम्मत बाँधता है...फिर दौड़कर बरसते पानी में छलाँग लगा देता है। मेड़ पर भागता है...रपट कर गिर पड़ता है। उठता है...फिर भागता है...फिर गिरता है। बूँदें तड़-तड़ बरसती जाती हैं। सियाराम कीचड़ में सन गया है...फिर भी भागता जाता है। बाबूलाल को बुरा लगता है।...अपने आराम के लिए बेचारे लड़के को दौड़ा दिया। अब जूड़ी बुख़ार आएगा तो कौन सम्हालेगा और कौन इलाज करेगा ?

...लेकिन दूर से परोहन* चला आ रहा है। सब लोग ख़ुश हैं। बड़े सुकुल ने भेजा है। ऊपर चादरों का छवैया है। बाबूलाल आवाज़ देता है...'सियाराम।...सियाराम लौट आओ भैया...!' सियाराम नहीं सुनता...आवाज़ की पहुँच के पार जा चुका है।...एक-एक कर लोग परोहन पर चढ़ते जाते हैं। बाबूलाल रुका है। मैं भी रुका हूँ। सियाराम आ जाता तो हम भी चढ़ जाते हैं। अनोखे पंडित ललकारते हैं...'चढ़ जाओ गाड़ी पर। ऊ आ जाएगा अपने

* बैलगाड़ी

आप ! रस्ता देखने का टैम नहीं है अब...!'

हम सब चढ़ जाते हैं। परोहन चल पड़ता है। गलियारा पीछे छूटता जाता है। सियाराम कहीं दिखाई नहीं पड़ता। बाबूलाल का मुँह उतरा है।...अब अकेला आएगा भीगता हुआ।

...जो दिखाई दे रहा है...बुरी हालत में है। च-रों और धोतियों से बनाया गया छवैया खुल गया है। तरकारी के डेगचे और पूरियों की परात में पानी चला गया है। बूँदी भी गीली हो गयी है। किसी तरह जल्दी-जल्दी उठाकर झबूले सिंह की चौपाल में पहुँचाया गया...मगर चीज़ें फिर भी ख़राब हो गयी हैं। पूरी तरह तो नहीं हुई हैं...पर थोड़ी तो हो ही गयी हैं। रसेदार तरकारी में पानी पड़ गया। सारा रसा पानी-पानी हो गया है। ऊपर की सारी पूरियाँ भीग गयी हैं; बूँदी की जैसे लुगदी बन गयी है। मगर कंगला लोग गये नहीं हैं। दूर-दूर गाँवों से आये हैं तो कहाँ जाएँगे ?...जेवनार कैसे होगी...मालूम नहीं। जहाँ पंगत बैठती...वहाँ सब कीचड़ हो गया है। अब कहाँ बैठेंगे लोग...और क्या खाएँगे ? सब लोग परेशान हैं। बाबा की आत्मा को शांति नहीं मिलेगी। ऐसे ही भटकती रहेगी। जो चाहा था...नहीं हो रहा है।...फटे पुराने कंबल ओढ़े...कथरियाँ लपेटे...आधे सूखे आधे गीले...ठंडी हवा से ठिठुरते...भिखारी लोग दुबके खड़े हैं। कोई यहाँ...कोई वहाँ। मर्द...औरत...बच्चे...बूढ़े। एक आस...साथ नहीं छोड़ती। भरपेट खाना मिलेगा। जैसवाड़े का सारा इलाक़ा भिखारी बन गया है। सबने देखा है...पूड़ी, तरकारी, कीचड़...सब मिल गये हैं। फिर भी नये आनेवालों को पुराने भिखारी समझा रहे हैं।...अच्छा किया जो आ गये। ख़ूब बढ़िया पूड़ी, तरकारी है।...कुछ और कंगले हैं...दूसरों से पूछ रहे हैं...पासी खेड़ा में खबर गयी कि नहीं ?...बारी गाँव से कोऊ आवा नहीं...का बात है ? खबर नहीं मिली...यही मारे नहीं आये।...नहीं। लोग चले आ रहे हैं। वही...औरत...मर्द... बच्चे...बूढ़े। बरसते पानी की परवाह नहीं। जैसवाड़े का पूरा इलाक़ा भूखा है। सालों भूखा रहता है। जब कभी कहीं कोई भोज होता है...पेट भर खाना मिलता है। भोज से भोज तक...भूखे रहते हैं...थोड़ा बहुत रूखा-सूखा पेट में डाल लेते हैं। किसी के खेत से चने के

बूटे उखाड़ लेते हैं। ज़मीन से शकरकंद खोद लेते हैं। बिखरे हुए जामुन बटोर लेते हैं। फेंकी हुई जूठन उठा लेते हैं। कभी कहीं कोई मरा जानवर मिल जाता है। जिसने पैदा किया है वही पालता भी है। कुछ न कुछ दे ही देता है। यही उसका न्याय है।...पानी रुकने का नाम नहीं ले रहा है। बीच-बीच में ओले पड़ने लग जाते हैं। एक आवाज़ है। जैसे हाहाकार हो रहा है। भूख और ठंड की मार। तेज़ पानी की बौछार ! सियाराम तर होकर भागा आ रहा है। बाबूलाल झट अन्दर ले जाता है। बूढ़ी दादी की अंधी आँखें अब भी टकटकी लगाए हुए हैं।...अब कोई नहीं आएगा। हाहाकार यों ही चलता रहेगा।...कारीगर लोग चौपाल में तमाखू मलते रहेंगे...किसी न आनेवाले वक़्त का इंतज़ार करते रहेंगे...?

...गलियारे में सफ़ेद-सफ़ेद ओले फैले हुए हैं। टिन के छवैयों पर लगातार तड़-तड़ की आवाज़ गूँज रही है।...कब होगी...कैसे होगी जेवनार ? कहाँ बैठेगी पंगत ? कहाँ बिछेंगी पत्तलें ? क्या होगा दोनों और कुल्हड़ों का ?...कुछ नहीं होगा। सब ठीक हो जाएगा। यहाँ वहाँ दुबके हैं कंगले...भिखारी। छवैयों के नीचे...कच्ची दीवारों से सटे हुए...चौपालों में बैठे हुए...नीम और पीपल के तनों के पास सिमटे हुए।...और भी आ रहे हैं...फटे कंबलों से सिरों को बचाते हुए...भीगते हुए...ओलों से टकराते हुए। और भी हैं जो कहीं रुक गये हैं...पानी के रुकने का इंतज़ार करते हुए। न रुके...थोड़ा कम हो जाए...तो चल देंगे...उस ठीहे की तरफ़ जहाँ खाना मिलेगा...भर पेट।...बड़े सुकुल का जन भागता चला आ रहा है...कंबल ओढ़े...छाता लगाये...धोती को ऊपर तक खोंसे।...क्या ख़बर लाया है ? सुकुल के यहाँ सलाह हुई है। अनोखे पंडित थोड़ा-बहुत भोग लगा देंगे...चौपाल में बैठकर। अगियारी कर देंगे। बाक़ी का पूजा-पाठ निबटा देंगे। ब्राह्मण लोग आ नहीं पाएँगे। दो चार जने आ भी गये तो भीग जाएँगे...ऐसी हालत में नहीं होंगे कि चैन से बैठ कर खा-पी सकें। चौपालों की ज़मीनें भी भीग गयी हैं। गीली धरती पर न बैठते बनेगा...न खाते। फिर पूड़ी, तरकारी और बूँदी का हाल भी बुरा है। ऐसे में एक ही उपाय बचता है। तेरह ब्राह्मणों की पत्तलें निकाल दें। पूड़ी-तरकारी-बूँदी पतीलों में भर दें। सब चीज़ अनोखे पंडित

के घर पहुँचा दी जाएगी। पंडित जी वहीं से ब्राह्मणों को पहुँचा देंगे। या फिर यहीं से बँटवा दिया जाए...सब के घरों में पहुँचा दिया जाए। और कोई चारा नहीं है अब। बाक़ी पूड़ी, तरकारी कंगलों में बाँट दी जाए। भूखे लोग हैं। जैसा कुछ है सब खा लेंगे...बाबा की आत्मा को असीसेंगे। इससे अच्छा और क्या हो सकता है...!

...पानी बंद नहीं हुआ है। बरस रहा है। मगर ओले बंद हो गये हैं। लोग चुप हैं। बड़े सुकुल की बात ही ठीक लग रही है। और कोई चारा भी तो नहीं है।...बाबूलाल ख़ुश है।...'ठीक बात है। मगर बाम्हनों की पत्तलें निकारै की भी कोई जरूरत नहीं है। जो कुछ बना है...सब का सब कंगला लोगन को खवा देव। यही पुन्न है। इन्हीं के आसीस से बाबा की आत्मा को चैन मिलेगा। बाम्हनों का पेट भरने से कुछौ नहीं होगा।'

मगर बैदराज को बाबूलाल की बात नहीं जँचती। ब्राह्मणों के पत्तल ज़रूर निकाले जाएँ। 'अब मोटे पेट वाले बाम्हन कहाँ हैं ? झुराय रहे हैं। माँग-जाँच के बाल-बच्चन का पेट भरते हैं। सीधा-पिसान लाते हैं तो चूल्हा जलता है। अरे बाम्हन लोग भी भिखारी हैं एक तरह से। तनिक बिचार करो।'

...यही तय होता है। बड़े सुकुल बहुत सोच-विचार के बात कहते हैं। एक बार कह दिया तो फिर वही ठीक होगा। दूसरा कुछ ठीक नहीं हो सकता।...काम शुरू हो गया है। परात के नीचे से अच्छी-अच्छी पूरियाँ निकाल कर अलग रखी जा रही हैं। तरकारी में से पानी उलीचा जा रहा है। कड़ाह फिर भट्ठी पर चढ़ा दिया गया है। मगर आसपास सब कीचड़ है। भट्ठी ठीक जल नहीं रही है। थोड़ी बूँदी भी निकाल ली गयी है। उसकी लुगदी को फिर से झारे पर डाला जा रहा है। कड़ाही चूल्हे पर चढ़ी है। पाम तेल गरम हो रहा है।...शाम हो रही है। शाम से पहले होनेवाली शाम। रात से पहले आने वाली रात। बारिश जारी है। ठंडी हवाएँ और भी ठंडी हो रही हैं। जैसे बरफ़ बह रहा है।...ब्राह्मणों की पत्तलें निकाली जा रही हैं। अनोखे पंडित आख़िरी बार मंत्र पढ़ रहे हैं।...जोनिमन्ये परमधन्ते शरीरत्वाय देहिनः...स्थानुमन्येनु संयन्ति यथा कर्म यथा स्त्रुतम् ! अर्थात् मरने के बाद का यही जीवन है। जैसा कर्म किया है...जैसा बोला है...जैसा सुना है...वैसी ही

योनि में जन्म होगा। जमराज बोले हैं। नचिकेता को सच्चा ज्ञान मिल गया। यही सत्य है। इसी का वर्णन यमराज जी ने कर दिया।...

टूटी खटिया की पाटी पर बैठा मैं...चुपचाप सुनता जाता हूँ। पता नहीं कहाँ से सवाल आते जाते हैं।...यही सत्य है। जिन लोगों को मिल गया...वही ज्ञानी हैं। हम जैसे लोग अज्ञानी हैं...क्योंकि वेद-उपनिषद् का यह सत्य हमारा साथ नहीं देता। सब कुछ ख़तम हो जाता है...यही देखते हैं। ज्ञानी लोग पंडित लोग समझाते हैं कि जो ख़तम हो जाता है...वह ख़तम नहीं होता। बाबा मर गये...मगर ख़तम नहीं हुए। अब भी हैं। यहीं हैं। हमेशा रहेंगे। कभी किसी योनि में...कभी किसी योनि में। पर हमारे दु:ख दर्द का क्या होगा ? उनके पैरों पर गिर कर रोना चाहते हैं।...माफ़ कर दो हमको।...उनके मुँह के दो बोल सुनना चाहते हैं। अपने माथे पर उनके हाथ को महसूस करना चाहते हैं। हम अज्ञानी हैं...मूढ़ हैं। हम कहाँ जाएँ ? कौन जगह है हमारे लिए ?...

बैदराज बोल रहे हैं। पता नहीं किसको बता रहे हैं। शायद अपने आपको समझा रहे हैं...क्योंकि सामने कोई चीज़ है जो अपनी तरफ़ आती दिखाई दे रही है।...नहीं भाई ! मौत कोई चीज़ नहीं है।...भगवान् कहते हैं कि वस्त्र बदल दिया...पुराना वस्त्र छोड़ दिया...नया धारण कर लिया। हम भी यही कहते हैं। यहाँ तक एक रेलगाड़ी में बैठ कर आये थे। अब गाड़ी बदल रहे हैं। एक गाड़ी छोड़कर दूसरी गाड़ी में बैठ गये। जीव की यात्रा तो चलती ही रहती है। गाड़ी बदलने का मतलब यह नहीं हुआ कि जीव की यात्रा रुक गयी।...बैदराज की बात बाबा की मौत से जुड़ी है। लेकिन कहीं अपने आप से भी जुड़ी है। गाड़ी बदल दी...तो दु:ख क्यों ? रोना-धोना क्यों ? बैदराज की आँखों में भय की छाया क्यों है ?...क्योंकि यही अज्ञान है...माया है। सच्चा ज्ञान पैदा होता है...तो देह का दु:ख...भय...क्लेश...सब ख़त्म हो जाता है...।

...लेकिन हुल्लड़ हो गया है। और कोई चारा नहीं था।...ऐसा खाना अब कौन खाएगा ! सभी ने कहा कि कंगलों में बाँट दो। कारीगरों ने पत्तलें रख दीं...दोने और सिकोरे भी रख दिये। चिल्लाने लगे...लैन से खड़े हो जाओ...तब खाना मिलेगा ?...बरसते पानी में लैन को लेकर झगड़ा हो

गया।...ए...तू आगे कइसे आया ? हम आगे हैं। नहीं-नहीं...हम, आगे हैं।...अरे धक्का काहे मारत है ?...दादा ! हमका कुछौ दिखात नहीं है। कहाँ है लैन ? हमहूँ का लैन में ठाढ़ होय देव।...ए...मेहरिया जान के दबावत है का ?...देखत नहीं...गोदी में बच्चा है हमारी।...ए बे साले...तोरी बहिनी की...। हट पीछे...नहीं तो दूसरी टाँग भी तोड़ देंगे।...ए भैया ! ए भैया ! यू मनई हमका लैन में आवै नहीं देत है।...ए...तू काहे रोकता है साले। बच्चा समझ के डरावत है।...ए बेटवा ! तू ठाढ़ हुई जा लैन मा !...हम देखित है कउन निकारता है।...ए दादा ! हमहूँ का ठाढ़ होय देव। बूढ़े हैं। दुई दिन से कुछौ खावा नहीं है। हमरे पाँव काँप रहे हैं।...ए महतरिया ! अरे तू कहाँ घुसि रही है बीच में !...ए दादा !...ए बेटवा !...ए भइया !...ए महतरिया !...ए लाला !...ए मालिक !...हे भगवान् !...हे राम !...हे परमेसुर !...अरे दइया !...

...जाने कहाँ-कहाँ दुबके हुए थे...निकलते चले आ रहे हैं। और भी हैं...दूर-दूर से आ रहे हैं। ताँता लग गया है। पानी बरस रहा है। चारों तरफ़ कीचड़ ही कीचड़ है। अनोखे पंडित घबरा रहे हैं। चोखे लाल खंभे की आड़ में हो गया है...जैसे कोई उसे मार डालेगा। बिंदा दीन कारीगर भी डरा हुआ है। बंसी माली फुसफुसा रहा है...अरे कउन सम्हालेगा इन लोगन को ?...चीख़ चिल्लाहट मची है चारों तरफ़। छोटे-छोटे बच्चे रो रहे हैं। बूढ़े चिरौरी कर रहे हैं। कोई किसी की नहीं सुन रहा है। पत्तल दोने हाथों पर रखते हैं...चिल्लाते हैं...बस हो गया...आगे जाओ।...मगर आगे नहीं बढ़ते हैं।...ए दादा ! दुई पुड़ी अउर दे देव।...अरे हमका तरकारी नहीं मिली। अरे बूँदी तो डारो। थोड़ा अउर देव दादा...तुम्हारे बाल-बच्चन का असीसेंगे।...

लेकिन भीड़ उमड़ी पड़ रही है। आगेवालों पर पीछेवाले चढ़े जा रहे हैं। पत्तलें गिर रही हैं। दोने बिखर रहे हैं। कुल्हड़ फूट रहे हैं। सब कुछ कीचड़ में गिर रहा है। लोग कीचड़ से पूरियाँ उठा रहे हैं...पोंछ रहे हैं...तरकारी बीन रहे हैं। बूँदी की हालत बहुत ख़राब है। उसे कीचड़ से अलग नहीं किया जा सकता...कीचड़ समेत ख़ाया ज़रूर जा सकता है। हम लोग ख़ामोश हैं। सब कुछ बेक़ाबू हो रहा है। किसको बुलाएँ ? किससे कहें ? बिंदा दीन चिल्ला

रहा है। प्यारे लाल हड़का रहा है। अनोखे पंडित डाँट रहे हैं। कोई किसी की नहीं सुनता। पानी बरसता जा रहा है। ठंडी हवाएँ बहती जा रही हैं। अँधेरा घिर रहा है।...अचानक बाबूलाल चिल्लाता है।...अरे-अरे ! यू का कर रहे हो ? अरे रुको ! रुक जाओ !...बिंदा दीन ! प्यारे लाल ! पंडित महाराज। रोको सबको...!

कोई किसी को रोक नहीं पाता। अब भीड़ के हट्टे-कट्टे लोग परात...डेगची...पतीले पर सीधे टूट पड़े हैं। अब कोई लाइन नहीं चलेगी। अब कोई ठहरेगा नहीं।...आगे वाले टूट पड़े हैं। पीछे वालों को मालूम पड़ गया है। झपट कर हमला कर दिया है। जिसको जितनी पूरियाँ मिल रही हैं...मैले-मैले थैलों में डालता जा रहा है। तरकारी और बूँदी तसलों में उलीची जा रही है। सब ने हमला कर दिया है। परात उलट गयी...पूरियाँ कीचड़ में बिखर गयीं। तरकारी के डेग को पकड़ कर खींचातानी कर रहे हैं। तरकारी गिरती जा रही है। बूँदी के पतीले भी उलट गये हैं। अब धक्का-मुक्की हो रही है। जो कीचड़ में गिर गया है...सब उठा लेना चाहते हैं। आगे वाला बीनता है। कोई धक्का देकर गिरा देता है। ख़ुद बीनने लगता है ! फिर कोई और धक्का देता है...गिरा देता है...बटोरने लगता है। बच्चे-बूढ़े अलग खड़े हो गये हैं। मगर औरतें पीछे नहीं हैं। आपस में लूट...खसोट...मारपीट...गाली-गलौज कर रही हैं। फटी हुई धोतियाँ और फट रही हैं। फटे हुए कंबल यहाँ गिर गये हैं...वहाँ फैल गये हैं।...

...सरदी की शाम...धीरे-धीरे ढलती जा रही है।...वक़्त से पहले...रात में बदलती जा रही है। मेरे अन्दर बर्फ़...पिघलती जा रही है।...बाबा ने शायद वह नहीं किया जो उन्हें करना चाहिए थे। मरते-मरते उसको याद नहीं किया...जिसका नाम लेने से मोक्ष मिल जाता है। अगर किया होता तो यह नहीं होता जो उनकी तेरहीं पर हुआ है। अब वही होगा जो उन्होंने चाहा था। मरने के बाद भी उन्हें मुक्ति नहीं मिलेगी...उनकी बेचैन आत्मा उसी तरह भटकती रहेगी जैसी जीते जी भटकी।...बादलों के पीछे आसमान छिप गया है। तारे दिखाई नहीं देते। क्या कहीं कोई चाँद है ? चाँद का कोई टुकड़ा है ? कोई जवाब नहीं मिलता। सिर्फ़ पानी बरसता है। ठंडी हवाएँ

जिस्म को काटती हैं...आगे निकल जाती हैं।...बाबूलाल जगा रहा है। लेकिन मैं सोया नहीं हूँ।...सिर्फ़ आँखें बंद कर ली हैं।...'चलो भइया ! ...भीतर चलो। यहाँ कब तक पड़े रहोगे ? बीमार पड़ना है क्या ? आजकल घर-घर निमोनिया हो रहा है।'

मैं उठकर बैठ जाता हूँ।...हाँ...मैं अन्दर चला जाऊँगा...कोठरी में कथरी पर रज़ाई में दुबक जाऊँगा। लेकिन उनका क्या होगा जिन्होंने अभी-अभी पूड़ियाँ जमा की हैं...कीचड़ में सनी ? तरकारी और बूँदी के साथ बहुत कीचड़ समेट लिया है ? ये लोग कहाँ जाएँगे ? अपने भीगे हुए जिस्मों को कहाँ सुखाएँगे ? कहाँ रात बिताएँगे ? कहाँ ज़िंदा रहेंगे और कहाँ मर जाएँगे ?...लेकिन बाबूलाल खींच ले जाता है कोठरी में। एक मैला-सा दीया जल रहा है। बाक़ी पूरी तरह अँधेरा है। एक तरफ़ चादर ओढ़े सियाराम पड़ा है। दूसरी तरफ़ की कथरी पर मैं लेट जाता हूँ। बाबूलाल ताकीद करता है...अब बाहर न निकलना। ख़ुद बाहर चला जाता है। मैं उसी तरह लेटा रहता हूँ। अँधेरा... ख़ामोशी...टिमटिमाता दीया।...हलकी आवाज़ में मैं कहता हूँ...'सियाराम !'

बिना हिले-डुले आवाज आती है...'हाँ ददुआ...!'

फिर ख़ामोशी।...बाहर क्या हो रहा होगा ? थक कर लोग लौट गये होंगे।...या कीचड़ के बीच अब भी ढूँढ़ रहे होंगे...पूड़ी, तरकारी के बचे हुए टुकड़े। या किसी दीवार के साये में...किसी छवैये के नीचे...शिवाला के चौबारे में...भीगे कपड़ों को निचोड़ रहे होंगे...सरदी से काँप रहे होंगे...रोते बच्चों को पीट रहे होंगे...एक दूसरे को गालियाँ दे रहे होंगे।...या कीचड़ भरी पूड़ी तरकारी को खाकर गहरे सुख में डूब गये होंगे।...यह कौन सा देश है ? किसका देश है ? कहाँ से कहाँ का सफ़र है ? इस कीचड़ से उस कीचड़ तक की दौड़ है। एक कीचड़ यह है...दूसरा वह है जो झोपड़-पट्टी के पतले-पतले गलियारों में फैला रहता है। उस देश से लौट कर हम इस देश में आ गये। इस देश से लौट कर उस देश में जाना होगा। हर जगह हम काँपते रहेंगे...ठिठुरते रहेंगे...कीचड़ से कुछ बीनते रहेंगे। तमाम आवाज़ों के बीच एक ख़ामोशी होगी...उस ख़ामोश अँधेरे की बीच मैं फिर वही सवाल करता

हूँ...'सियाराम !...हरगंज की बस कै बजे मिलती है ?'

इस बार सियाराम हलकी सी करवट लेता है। खाँसता है...फिर दोहराता है...'दुई बस हैं। एक सबेरे दस बजे पहुँचती है...दुसरी दुपहरी का तीन बजे। मगर कोई टैम नहीं है। जब मन होता है...आ जाती हैं। नहीं तो नहीं आती हैं। कबहूँ रुकती हैं...कबहूँ सीधी निकर जाती हैं...।'

...अब जैसे हलकी हलकी नींद आ रही है। या धुंध छा रही है। मैं वहाँ पहुँच गया हूँ जहाँ नहीं हूँ। पता नहीं...कौन सी बस्ती है।...छोटे-छोटे गंदे मकान हैं...एक दूसरे से गुँथे हुए हैं। बाहर निकलने का रास्ता नहीं है। जहाँ से भी बाहर निकलने की कोशिश करते हैं...किसी और घर के अन्दर पहुँच जाते हैं। घरों से घरों में गुज़रते हुए हम बार-बार बस्ती के चक्कर काटते रहते हैं। लोग दुश्मन नहीं हैं...दोस्त हैं। फिर भी बाहर का रास्ता बताते नहीं हैं। हमें मालूम है...छोटे-छोटे एक-दूसरे में गुँथे मकानों की जो गंदी क़तार है...उसके उस पार ही बड़ा रास्ता है जिसकी हमें तलाश है। लेकिन बस्ती हमें बाँधे हुए है...जाने नहीं देती।...कीचड़ है...बहुत गंदा है। हमें घिन आ रही है। लेकिन हमने मान लिया है कि इसमें से गुज़रना ज़रूरी है। गंदगी को अपना लिया है...क्योंकि यह सिर्फ़ थोड़ी देर के लिए है। उसके बाद बड़ा और साफ़ रास्ता है।...

...पर कोई आवाज़ सी आ रही है। धुंध छँटती जा रही है। बाहर साँकल बज रही है। कोई पुकार रहा है। कौन किसको आवाज़ दे रहा है...समझ में नहीं आता। नींद पूरी तरह खुल गयी है। बाबू लाल ललकार रहा है...'कउन ?...को आय ?'

कोई कुत्ता भोंकने लगा है। सियाराम जाग गया है।...'कोऊ आवा है !'...बाहर हलचल होती है। दरवाज़ा खुलने और बातचीत की आवाज़ सुनाई देती है। हम रज़ाई ओढ़े दम साधे पड़े रहते हैं। फिर कोठरी के दरवाज़े पर बाबूलाल आ जाता है। आवाज़ देता है...'छोटे ? ओ छोटे ?...उठो। बड़कू आये हैं...।'

मैं रज़ाई फेंक देता हूँ...उठकर खड़ा हो जाता हूँ। बाबूलाल के पीछे आँगन में पहुँच जाता हूँ। ऊपर कहीं-कहीं बादल छँट गये हैं और तारे दिखाई

देने लगते हैं। बाबूलाल दीया जलाता है। हिलती हुई लौ के सामने खड़ी एक छाया...न हिलती है...न डोलती है। सिर्फ़ लौ काँपती जाती है। सारे घर में जगहर हो गयी है...बड़कऊ आ गये हैं।...एक बार ख़ुशी की लहर दौड़ जाती है।...बड़कऊ आ गये हैं। फिर एकदम ख़ामोशी छा जाती है।...बड़कऊ अब आये हैं...इतनी देर बाद...जब रीत-भाँत भी सब ख़त्म हो गई है। बड़कऊ भी चुप देख रहे हैं। दाढ़ी बढ़ी...बाल उलझे ...चादर गीली।...बाबू लाल हाथ पकड़ता है...भीतर ले जाता है। मैं भी चुपचाप भीतर चला जाता हूँ। बादल शायद फिर घिर आये हैं।

भोर के उजाले तक हम लोग उसी तरह बैठे रहे। मरनेवाले की बातें करते रहे। बड़कऊ से बार-बार कहते रहे...मरने से पहले तुमको बहुत याद करते थे। बड़ा मन था...एक बार देख लेते तुमको। मगर होनी को कौन टाल सकता है। काल है। लौटाया नहीं जा सकता।...न हिले...न डुले...बड़कऊ उसी तरह बैठे रहे...चुपचाप सुनते रहे। टुकुर-टुकुर देखते रहे...बाबा की बंडी, लाठी और धोती को।...सेंधों से भोर का उजाला झाँकने लगा। बाबूलाल बोला...'थोड़ा सो लेव। रात भर के चले हो। लॉरी ठेला में कहाँ नींद आती है !'

हम लोग सोने की कोशिश करने लगे। लेकिन नींद का कहीं कोई नाम नहीं। ख़ामोशी तोड़कर बीच-बीच में बोल उठते थे। मैंने फिर कहा...'बहुत याद करते थे।...बड़कऊ-बड़कऊ करते चले गये...!'

बड़कऊ चुप रहे। हलका अँधेरा जैसे सख़्त हो गया। एक काली चट्टान ने पानी की धारा को रोक लिया। भर्रायी हुई आवाज़ में बोले, 'कहाँ ले गये थे ?'

अंदाज़ से बात समझ कर मैंने कहा, 'गंगा घाट ले गये थे।...चिता पर रखा तो लगा कि...जैसे कुछ कह रहे हैं...नाम लेकर पुकार रहे हैं...!'

बड़कऊ ने अचानक करवट बदल ली।

मुझे सब कुछ याद आ रहा था।...हा रघुनंदन प्रान पिरीते...तुम बिनु

जियत बहुत दिन बीते...।...हमारे टैम पर कभी नहीं आया।...कोई आया ?... नहीं।...कोई नहीं आया।...

अचानक मुझे लगा कि...एक दबी हुई सिसकी फूट पड़ी...और फिर ख़ामोश हो गयी।...बोलते-बोलते मैं चुप हो गया।...क्या ऐसा हो सकता है ? क्या यह आदमी भी रो सकता है ?...इसको हमेशा ग़ुस्से में देखा है मैंने। गालियाँ बकता रहा है...कोसता रहा है...बाप को...सारी दुनिया को। कभी होश में...कभी नशे में।...आज यह किसकी सिसकी फूटी...और फिर ख़ामोश हो गयी ?...मैं कुछ बोलना चाहता था...पर बोल नहीं सका।

...एक शोर सा फैल गया। तरह-तरह की आवाज़ें आने लगीं। बाहर कोई चिल्ला रहा है...कोई रो रहा है...कोई गालियाँ बक रहा है।...शोर बढ़ता जा रहा है।...च-र ओढ़ कर सियाराम बाहर चला गया...लेकिन लौटकर नहीं आया।...शोर बढ़ता जा रहा है। भाई को छोड़ कर बाहर आ जाता हूँ।...चारों तरफ़ हंगामा है। दो-चार लोग सरदी से अकड़े पड़े हुए हैं। शायद मर गये हैं। कुछ औरतें चिल्ला रही हैं...बच्चे रो रहे हैं। गाँववाले गालियाँ बक रहे हैं।...किसी का छप्पर जला दिया गया है...किसी का पुआल चारा। चारों तरफ़ अधजले झाँखर बिखरे हुए हैं। गलियों-चौबारों में लोग फैले हैं। शिवाले की मेड़ पर पड़े हैं। नीमी के बिरवा से सटकर लेटे हैं। सुबह की धूप फैल रही है...लेकिन अब भी फटे कंबलों चिथड़ों में सिमटे हैं। छँटे बादलों के क़ाफ़िलों के बीच से झाँकती किरणों में कोई गरमी नहीं है। सरदी और ज़्यादा फैल गयी है। हवाओं में बर्फ़ घुल गयी है। चारों तरफ़ कीचड़ ही कीचड़ है। जहाँ नहीं है...पाँवों में चिपक-चिपक कर वहाँ भी फैल रहा है। चौपालों और ओसारों में कीचड़ है। बैठकों और बरोठों में कीचड़ है। कूएँ की जगत और शिवाले की सीढ़ियाँ...सब कुछ कीचड़ से भर गया है। चादरों और धोतियों के छवैये उड़ गये हैं। कीचड़ में तरकारी के टुकड़े फैले हैं...अधखायी पूरियाँ और बूँदी बिखरी हुई है। भटके हुए कुत्ते यहाँ वहाँ सूँघ रहे हैं...या चाट रहे हैं। कौए आ गये हैं। मक्खियाँ भी भिनभिनाने लगी हैं।...भले घरों के लोग निकल आये हैं। बड़े सुकुल के क़ारिंदे आ गये हैं। छोटे सुकुल ख़ुद लाठी भाँज रहे हैं। सोहबत सिंह के यहाँ से हिम्मत सिंह आ गये हैं। हाथों में कटिया

काटने का फरसा है।...मारो साले कंगलों को। भगाओ हियाँ से। चारा पुआल झाँखर...सब जलाये दे रहे हैं।...कुछ भाग सकते हैं। कुछ अकड़े पड़े हैं। कुछ उठने की कोशिश कर रहे हैं। एक दो हैं...साँस बंद हो गयी है। कोई चिल्लाता है...अरे बुढ़वा गरि गवा है।...लेकिन दूसरे को भरोसा नहीं होता।...नहीं-नहीं...अबै जान है।...औरतें लठैतों को गरिया रही हैं। बच्चों का रोना थम नहीं रहा है।...कथरियों चिथड़ों...गंदे कपड़ों...अलमुनियम के फूटे-टूटे कटोरों का गलियारा बन गया है पूरा गाँव।

...मैं देर तक चुपचाप खड़ा रहता हूँ। फटी च-र ओढ़े सियाराम भी खड़ा है। बाबूलाल भी देख रहा है। सिवचरन भी आ गया है।...बाबा की तेरहीं हो गयी है। पता नहीं...आत्मा को मुक्ति मिली या नहीं।...या अब भी भटक रही है...और देख रही है यह सब...कि गंदगी और ग़रीबी का मेला लग गया है। साफ़ होते-होते चार दिन लग जाएँगे। जो बीमार हैं...या मर गये हैं...या खाँस रहे हैं...या कराह रहे हैं...या काँप रहे हैं...कहाँ जाएँगे ? कौन हटाएगा इन्हें ? कैसे ले जाएगा ?...बाबूलाल हाय खा रहा है।...दैया रे दैया ! जब बरसात नहीं होगी...सूखा पड़ेगा...साल दर साल यही होगा...तो यही होगा। भूखों की भीड़ बढ़ती जाएगी...पूरा इलाक़ा भिखारी बन जाएगा। गिने-चुने लोग चैन करेंगे। बाक़ी मारे-मारे फिरेंगे...गाँव घर छोड़ कर भाग जाएँगे।...इस समय छर्रों की बंदूक चलती है। झबूले सिंह ने हवा में फ़ायर किया है। चिड़ियों की चें-चें और कौओं की काँव-काँव...भागते हुए कंगलों की चीख़-पुकार और सुकुलों सेंगरों की गालियाँ ! लगता है जैसे गाँव नहीं...लड़ाई का मैदान है।...बाबूलाल कहता है...'छोटे !...सियाराम !...भीतर चलो भाई ! हियाँ ठंडी बहुत है।...कब तक तमासा देखोगे ? कोई छर्रा-वर्रा लग गया तो लेने के देने पड़ जाएँगे...!'

झुँझला कर मैं कहता हूँ...'हम तो पहले ही कहते थे...तेरहीं का इतना सब बवाल करने की ज़रूरत नहीं है।...मगर आप लोग माने नहीं।...अब ऐसे में शांति मिलेगी बाबा की आत्मा को...?'

...मगर बड़कऊ की आँखों में नींद नहीं है। जैसे छोड़ गये थे...वैसे ही बैठे हैं कोठरी में। न हिल रहे हैं...न डुल रहे हैं।...मैं कहता

हूँ...'दादा !...दादा !...क्या हो गया है ? उठो। तनिक सो लेव...!'

मैं बहुत ज़ोर देता हूँ...तो कहते हैं...'नहीं छोटे !...हमको नींद नहीं आएगी।'

मैं कहता हूँ...'काहे नहीं आएगी ?...रात भर के जागे हो...?'

बड़कऊ ठंडी साँस लेते हैं...'कई रातें हो गयीं।...नींद नहीं आती हमको...!'

आँगन में कुछ लोग आ गये हैं। ख़बर फैल गयी है कि बड़कू आ गये हैं। लोग दिलासा देना चाहते हैं। जीवन और मरण का नियम समझाना चाहते हैं। असार संसार के माया मोह और अज्ञान पर उपदेश देना चाहते हैं। उन आँसुओं को पोंछना चाहते हैं जो आँखों में सूख रहे हैं। लेकिन बड़े सुकुल की तरफ़ से छोटे सुकुल आये हैं। गिरते हुए घर का सौदा करना चाहते हैं। झबूले सिंह आये हैं।...खेत कब तक बँटाई पर देते रहोगे ? इसका भी सौदा कर दो। अब कौन आएगा यहाँ ? कौन देखेगा सब कुछ ?...बंसी माली आया है। बँटाई पर खेत जोतता है हमारे। चुपचाप बैठा है। खेत लेना चाहता है...मगर दाम नहीं है पास में। रिरियाता है।...थोड़ा-थोड़ा करके चुका देंगे।...बैदराज ऊपर की तरफ़ देखते जाते हैं।...सब फालतू है। बेकार है।...हंसा जाई अकेला।...नेति-नेति जेहिं वेद निरूपा...निजानंद निरुपाधि अनूपा।...वही सत्य है... बाकी सब मिथ्या है।...और भी लोग हैं। झरखेड़ा के साव हैं। खेत और ज़मीन सब लेना चाहते हैं। अलग ले जाकर फुसफुसाते हैं।...सुकुल जौन दाम देंगे...झबूले सिंह खेतों की जौन क़ीमत लगाएँगे...उससे हज़ार रुपिया बेशी हम देंगे। अब हीं सौदा करि लेव।

...बात ठीक है। नये प्लान की ख़बर सबको लग गयी है। बड़ी सड़क यहीं से निकाली जाएगी। आज नहीं तो कल। नहीं तो पाँच साल बाद। सड़क होगी। कारख़ाना खुलेगा। ज़मीन का दाम कई-कई गुना बढ़ जाएगा।...हम और रुक नहीं सकते। हमको जाना है। काम पर लौटना है। छुट्टी जितनी लंबी होगी...पैसे उतने ही कटेंगे। काम छूट जाने का डर अलग है।...धूप निकली थी...लेकिन बादल फिर आ रहे हैं। क्या फिर बरसेंगे ? जब बरसना था...नहीं बरसे। अब बार-बार बरस रहे हैं। कहाँ रुक गये थे ? क्यों इतनी

देर लगा दी ? दो-तीन महीना लेट हो गये। छोटे से दिन को और छोटा बना रहे हैं। थोड़ी देर को धूप निकली। सरदी और बढ़ गयी। जल्दी-जल्दी चली गयी। कहाँ गयी...मालूम नहीं। बादलों ने और अँधेरा कर रखा है। अलाव जलने लगे हैं। अटारियों से धुआँ उठने लगा है। घंटियाँ बजने लगी हैं।

...सब लोग चले गये ? बहुत देर हो गयी। कहाँ गये बड़कऊ ? किसी को बताया नहीं। कहाँ ग़ायब हो गये ?...

सिवचरन आया है। बड़कऊ कूएँ की जगत पर बैठे हैं।...वहाँ-वहाँ जाएँगे जहाँ बाबा कभी थे। ईंटा के भट्ठा पर। बाग़ों और खलिहानों में। शिवाले के चबूतरे पर और भैरव बाबा की मड़ैया में।...जैसे अभी-अभी उठ कर गये हों वहाँ से।...बाबूलाल समझाता है...रोको इनको। पागल हो गये हैं ? जो चला गया है...ऐसे मिलेगा ?...लेकिन बड़कऊ नहीं मानेंगे। मरा हुआ आदमी एक अहसास बन गया है। अहसास को पकड़ लेना चाहते हैं।...जो छूट गया है...उसे पा लेना चाहते हैं।...दूर निकल आये हैं हम लोग। ताल की मिट्टी के पास भट्ठा बना हुआ है। ईंटें पक गयी हैं। भट्ठा ठंडा पड़ा है। चिकनी मिट्टी के ढूह बने हैं आस पास। कोई है नहीं।...पास की मड़ैया से निकल कर मजूर आता है।...राम-राम भइया ! का बात है ?...बाबूलाल समझाता है।...बूढ़े ठाकुर काम करते रहे यहाँ ? वही देखने आये हैं।...सब कुछ याद है मजूर को।...हाँ हाँ ! दुई दिन काम किया था हियाँ। ईंटा उठते नहीं थे उनसे ? तीसरे दिन भरभरा के गिर पड़े। हम उठावा...तो काँख रहे थे...साँस फूल रही थी। हम कहा...ठाकुर...यह कोई उमिर है काम करै की। घर मा बइठ के आराम करो। कोस भर चल के आते हो। सरीर चलता नहीं...फिर भी काम करते हो। कोस भर चल के फिर लउटते हो। राम-राम ! बहुत तरस आता था हमको। कोई है नहीं का उनका ? बाल-बच्चा...औलाद...देखने... पालनेवाला ? कइसी हालत है अब ?

...जाड़े की डूबती हुई शाम ? हम लोग सन्न बैठे हैं। आवाज़ नहीं निकलती। पूछता है...कैसी हालत है उनकी ?...मजूर को मालूम नहीं है। बाबा उस पार चले गये हैं। अब न भट्ठा है...न ईंटों का ढेर...न ज़िंदगी का बोझ !...बड़कऊ रोते हैं...रोते चले जाते हैं।...बाबूलाल समझाता है...मगर

सिसकियाँ रुकती नहीं हैं...आँसू थमते नहीं हैं...। अब बड़कऊ नहीं हैं...एक बच्चा है जो नहीं मानेगा। रो-रो कर जान दे देगा। कोई दिलासा...कोई तसल्ली...कोई ढाढ़स...कोई उसके काम नहीं आएगा। बार-बार सिर्फ़ एक ही बात...टूटी-टूटी आवाज़ में।...अब तो माफ़ी भी नहीं माँग सकते बाबू लाल...!

...मालूम नहीं...शाम है या रात ? शायद रात हो गयी है। ताल के पानी में कोई मेंढक डुबकी लगाता है। या कोई मछली उछलती है। या हवा का तेज़ झोंका आता है...लहरें उठा कर दूर निकल जाता है।...बड़कऊ ख़ामोश हैं। फिर बोलते हैं...फिर चुप हो जाते हैं...फिर सिसकने लगते हैं...फिर चुप हो जाते हैं...फिर सिसकने लगते हैं।...'बाबा आये थे हमारे पास। बोले...देह साथ नहीं देती है...सरीर सिथिल हो गया है। क्या करें ? कहाँ जाएँ ? समझ में नहीं आता। कुछ सहारा दो।...उस टाइम बहुत ग़ुस्सा आया हमको। सारा बचपन ग़रीबी और बीमारी में बीत गया। ये आदमी कभी आया...तो फिर चला गया। यहाँ से वहाँ भटकता रहा। कभी पैसे भेजे...तो कभी कुछ नहीं। तीन बच्चों को लेकर माँ पेट पालती रही। अनाथों की तरह ज़िंदगी बितायी।...और अब आया है सहारा माँगने।...बहुत झगड़ा हो गया हमारा। हमने गाली दी...धक्का दिया। कहाँ का ग़ुस्सा कहाँ निकाला...।'

अब नहीं थमेगी रुलाई। बड़कऊ फूट-फूट कर रोएँगे। कोई रोक नहीं सकता। बीच-बीच में बोलेंगे...भर्रायी आवाज़ में।...'बाबा चले गये...लाठी टेकते।...चला नहीं जा रहा था।...आख़िरी झलक है...हमको मालूम नहीं था...।' ...रोते चले जाते हैं...रोते जाते हैं...हमलोग चुपचाप देखते जाते हैं।...बादलों के टुकड़े हैं...और बीच-बीच में तारे हैं। हवाएँ हैं...या बर्फ़ है।... बहुत सा समय गुज़र जाता है। बाबूलाल फुसफुसाता है...'बीमार पड़ना है क्या ?...उठाओ इनको। निमोनिया-फिमोनिया कुछ हो गया तो मुश्किल हो जाएगी।'

...मिट्‌टी और कीचड़ के कच्चे रास्ते पर चलते हुए हम लोग लौट आये। रात गुज़रती चली गयी। बड़कऊ उठ-उठकर बूढ़ी दादी के पास जाते रहे...माथे पर हाथ फेरते। अंधी आँखों से छत की तरफ़ ताकती दादी बार-

बार पूछती रही...'को आय ?...को आय ?' खटिया की पाटी पर सिर टेके बड़कऊ रोते रहे। दादी के सवाल कोई जवाब नहीं दिया।...जब सुबह हुई तो उसी तरह बैठे थे।

मैंने कहा, 'दादा ! तनिक यहाँ आओ। हमारी बात सुन लेव।'

बाबूलाल और सियाराम भी आ गये। मैंने कहा, 'यह रोना-धोना तो सारी उमर चलता रहेगा ! पंद्रह दिन हो गये हमको आये। अब जाना पड़ेगा। कुछ काम-धंधे का सिलसिला बनाना पड़ेगा। तुम्हूँ को लौटना पड़ेगा दादा ! स्कूल के लड़का लोगन का हरज होगा। मरने वाला चला गया। मगर दुनियादारी रुक नहीं सकती। हम लोग रोते रहेंगे...दीन-दुनिया के काम करते रहेंगे।'

भर्रायी आवाज़ में बड़कऊ बोले, 'तुम चले जाओ। हम अभी यहाँ रहेंगे।...एक बार गंगाघाट जाएँगे जहाँ बाबा की चिता जली थी...।'

मुझे लगा कि समझाना बेकार है। बोला, 'मुनिया की चिट्ठी आयी थी। अम्माँ बीमार चल रही हैं। वहाँ भी देखना होगा।'

लगा कि जैसे साफ़-साफ़ कह रहा हूँ कि अभी हम फिर मिलेंगे।...एक बार...ऐसे ही। लेकिन बड़कऊ खोये रहे...अपनी ही दुनिया में। कुछ ठहर कर मैंने कहा, '...बड़े सुकुल ने बाबूलाल के हाथ कुछ नोट भिजवाये हैं। बयाना दिया है।...गुड़ भरा हँसिया है। न उगला जाए...न निगला।...यह फैसला अब आप ही को करना है। मकान सुकुल ले लें कि मिसिर। खेत बंसी माली ले ले कि साव। हमारे लिये सब बराबर है।...मालूम नहीं...कब आना होगा अब...!'

बड़कऊ अब भी ख़ामोश हैं।...बाबा चले गये...एक कहानी पूरी हो गयी। और भी कई कहानियाँ हैं। सब अधूरी छूट जाती हैं। अधूरी-अधूरी ही ख़त्म हो जाती हैं।...हमको जाना है। वहाँ एक नौकरी है...एक अलग ज़िंदगी है। एक और कहानी है। वह भी इसी तरह अधूरी-अधूरी पूरी हो जाएगी।...एक और दिन गुज़र रहा है। धूप फैली है...मगर धूप नहीं है।...मटमैली सी सफ़ेदी है। न चमक है...न गरमी। सब कुछ सर्द हो गया है। ठहरेगी नहीं धूप...जल्दी-जल्दी भाग जाएगी।...शहर से कोई अख़बार लाया है।...सरदी से दस मौतें

हो चुकी हैं अब तक। फिर भी खुले आसमान के नीचे पड़े हैं ग़रीब-गुरबा। कहीं कोई छत नहीं...साया नहीं कि छिप जाएँ।...झोंपड़ों पर बाँधे गये बोरे...बारदाने...तार-तार होने लगे हैं। कुछ नहीं कर सकते।...मैं सबसे कहता हूँ...जा रहा हूँ अब। कल...नहीं तो परसों। सब एक ही बात कहते हैं।...कुछ दिन और रुक जाते ?...लेकिन मैं जानता हूँ। कोरी बातें हैं जिनका कोई मतलब नहीं। सब को मालूम है...रुक जाऊँगा तो खाऊँगा क्या ? सुकुल के दिये पैसे ख़तम हो गये...तो लौटना भी मुश्किल हो जाएगा। नौकरी-चाकरी चली जाएगी सो अलग।...

बैदराज समझाते हैं...यही ठीक है बचवा ! जाना तो पड़ेगा। यहाँ कुछ नहीं है। वीरान बस्ती है। खेती में कुछ धरा नहीं है। आदमी वहीं जाए जहाँ पैसा है। यह कंगलों की दुनिया है। यहाँ कौन किसको पालेगा ? बड़कऊ घर बेच देंगे...यही ठीक है। नहीं तो कौन देखेगा भालेगा। दीवारें गिरने लगेंगी। दरवाज़े खिड़कियाँ लोग खोद ले जाएँगे। फिर कोई गैया बाँधने लगेगा...कोई भैंसी। धीरे-धीरे ज़मीन पर क़ब्ज़ा कर लेंगे। तुम लोग समझदार हो बेटवा ! जो करोगे...ठीक ही करोगे... !

रुई की सदरी पहने हैं। च-र ओढ़े हैं। फिर भी जड़ा रहे हैं बैदराज।...बात सही है। फिर भी एक तकलीफ़ है। बैदराज नहीं समझ रहे हैं। या हम नहीं समझ रहे हैं। एक बंदरिया है।...मरे हुए बच्चे को चिपका कर कब तक भटकती रहेगी !...यह सब कुछ ख़त्म हो गया है। इसे मान लेना चाहिए। कब तक नहीं मानोगे ? कब तक बचते रहोगे ?...रात हो गयी है। ठंड और तेज़ हो गयी है। हड्डियाँ काँप रही हैं। फिर भी मैं भटक रहा हूँ...उन गलियारों में जिन्हें हमेशा के लिए छूट जाना है। यहाँ खेले...बड़े हुए। यहीं माँ-बाप पैदा हुए...उनके माँ-बाप पैदा हुए। पीढ़ियाँ गुज़र गयीं। कहाँ गये बचपन के साथी ? शिवशंकर...राधे लाल...घनश्याम...ओम प्रकाश...बबलू सिंह ? सब चले गये। जो रह गये...दारू...गाँजा...चरस पी-पी कर झुराय गये हैं।...वह दुनिया नहीं है जिसे छोड़ कर गया था। यह कोई और देश है। रोक कर नहीं रख सकता मुझे। अपने ही घर में अजनबी हो जाने का एहसास जागता है।

...लग रहा है कि बदन काँप रहा है। दाँत किटकिटा रहे हैं। चक्कर से आ रहे हैं। क्या यहीं गिर जाऊँगा ? ऐसा गिरूँगा कि उठूँगा नहीं। यहाँ की मिट्टी में मिल जाऊँगा...हमेशा के लिये।...लेकिन कोई चिल्ला रहा है...आवाज़ दे रहा है। अँधेरा है। पहचान नहीं पाता हूँ।...नहीं !...पहचान जाता हूँ। बाबूलाल है...दौड़कर पकड़ता है...सहारा देता है...डाँटता है। हम धीरे धीरे उस घर की तरफ़ बढ़ते हैं जहाँ से गुज़र जाना है।

तीन दिन के बुख़ार के बाद सफ़र फिर शुरू हो जाता है। बड़कऊ गंगाघाट से अब तक नहीं लौटे हैं।

मुनिया की चिट्‌ठी भी आ गयी है।...सुनकर अफ़सोस हुआ। अम्मा की हालत ठीक नहीं है। छुटके के दाँत आ रहे हैं। ऐसे मौसम में इतना लम्बा सफ़र नहीं हो सकता। ईश्वर से प्रार्थना करते हैं...सब कुशल मंगल रहे।

बाबूलाल कुछ बोल रहा है।...लोग मौत से समझौता कर चुके हैं...आदमी के मर जाने के लिए तैयार हो चुके हैं।...मौत की ख़बर अब मिल गयी होगी।

बड़े सुकुल ने घर का रेहननामा कर दिया है। बड़कू तैयार हो जाएँगे तो रेहन की रक़म बैनामा हो जाएगी। बाक़ी पैसा चुका कर घर का ताबा ले लेंगे।

...अब हम फिर नागफनी की झाड़ियों के पास आ गए हैं। सब कुछ छूट रहा है। बैदराज छोड़ने आए हैं।...'न रोओ बच्चा !...नहीं-नहीं ! रोना ठीक नहीं है।...भगवान् मुसीबत देता है...तो हमको अंजादता है कि हम सह सकते हैं कि नहीं।...अंजाद के फिर खुदै मुसीबत दूर करि देता है...। सुखी रहो ! बीच-बीच में चिट्‌ठी डार दिया करो।...अउर का कहें...।'

बैदराज खाँसते हैं। बलग़म फिर बढ़ी हुई दाढ़ी पर फैल जाता है। अँगोछे से पोंछते हैं...तो और फैल जाता है। दम लेकर कहते हैं...'सब कुछ बदल रहा है भैया...देखते-देखते।...ठाकुर चले गये। तुम्हारा घरौ जा रहा है।...हमार घर भी चला जाएगा। सुकुल बहुत पीछे पड़े हैं। अपनी चौपाल में खटिया

डाल देंगे। वहीं पड़े रहेंगे हम। रोटी-पानी सब वहीं खटिया पर मिल जाएगा हमको। कौनो बात की तकलीफ़ नहीं होने पाएगी।...यही है जीवन का अंत। आगे कुछ नहीं है...!'

सेंगरिन दाई नंगे पाँव सफेद धूल पर खड़ी हैं। गला भर आया।...'नीके रहो पूत...अब कब मिलब बदा है।...अब न देखै पाउब ! आखिरी है...!'

सफ़ेद धूल पर बूँदें टपकती हैं। हम धीरे-धीरे चलना शुरू कर देते हैं। नागफनी की झाड़ियाँ पीछे छूट जाती हैं।...हाँ...तुलसा है। बकरियाँ चराती हुई दूर निकल आयी है। मैं मुस्कराता हूँ।...का हाल है तुलसा ?...तुलसा भी मुस्कराती है। लेकिन कुछ बोलती नहीं। जैसे कुछ कह रही है।...हमारा हाल कोई हाल नहीं। हम बहुत नीचे हैं। तुम बहुत ऊपर हो...क्योंकि बड़े शहर में रहते हो।...कुछ बकरियाँ रेहड़ से दूर जा रही हैं। आवाज़ से उन्हें हुसकाती हुई तुलसा दौड़ जाती है। फिर वहीं से घूमकर देखती है...देखती रहती है।...मैं मुड़ता हूँ...मुड़कर दूर होता जाता हूँ...।

कच्चे रास्ते की धूल से गुज़रते हुए हम लोग धीरे-धीरे पक्की सड़क पर आ जाते हैं। यहाँ नीम का एक पेड़ हम सबका इंतज़ार कर रहा है। लोगों ने सुबह से आकर डेरा डाल दिया है। मैं कहता हूँ, 'बाबूलाल !... सियाराम !...अब तुम लोग लौट जाओ। बस पता नहीं कब आएगी !'

लेकिन दोनों खड़े हैं...नहीं जाएँगे।

किसी गाँव से एक बीमार को लाए हैं लोग। मैली चादर बिछाकर लिटा दिया है।...बस नहीं आ रही है। लोग बढ़ते जा रहे हैं।

'राम-राम साहू !'

'राम-राम भइया ! जरा हरगंज जा रहे हैं। जो मिल जाए तो कुछ खरीदी कर लें... !'

'अउर का हाल है ?'

'जोन्हरी भई नहीं। गेहूँ और चना लगावा है। जब दुई छींटा आय का बखत था...तब तो कुछ भया नहीं। अब बादर आ रहे हैं...ओले पत्थर पड़ेंगे ! फसल को पाला मार गया है।...ईश्वर के मन में का है...मालुम नहीं...'

ऊपर आसमान की तरफ़ देखते हैं। बादल छाये हैं।...जो अब पानी बरसा

तो ओले भी गिरेंगे ही। यह फ़सल भी गयी।...बस अब भी दिखाई नहीं देती।

झरखेड़ा की सनसनी फैली है। लोग धीमी आवाज़ में बोल रहे हैं।...'तालुक़दार का क़तल हुआ...और भी बहुत कुछ हो रहा है। अहीरों...गड़रियों...पासियों ने साव का ग़ोला घेर लिया। साव से ग़ल्ला माँगा। साव नहीं माने तो सारा ग़ल्ला लूट लिया। जब एस.डी.ओ. आये तो सब खड़े हो गये। कहने लगे...हाँ हम लूटा है...जो बने कर लेव...। उस बखत तो एस.डी.ओ. लउट गये...मुला संझा बखत तक पुलिस की गारद आ के भर गयी। फिर तो जो मिला...धर लिया...अउर अइसा मारा...अइसा मारा...कि बस।'

बोलने वाले चुप हो जाते हैं। अचानक ख़ामोशी फैल जाती है। फिर जाने कहाँ से कौन बोलना शुरू करता है...आवाज़ लगातार आती जाती है।...तालुक़दार...बनिया...महाजन...यह बड़ा दुस्मन नहीं है। यह को बड़ा समझ लेओगे तो बहुत बड़ी गलती करोगे। यह से बड़ा दुस्मन अउर है। वहि के पास फौज-फाटा बंदूक हथियार सबै कुछ है।...वहि से लड़ै की तयारी करि लेव...तो फिर यह दुस्मन को हाथ लगाओ। नहीं तो यह दुस्मन पर हाथ उठाना बेकूफी है...निरा बेकूफी...।

अब फिर सन्नाटा फैल जाता है। सन्नाटा बड़ी देर तक छाया रहता है। फिर कोई बात बदलने की कोशिश करता है।

'अउर पंडित...तुम्हरे गाँव के सिवलाल मास्टर का हाल का है ? सुना बदली हुई गई है...।'

'हाँ...हुई तो गई है। जब मनिस्टर बदलत हैं तो मास्टरौ बदल जात हैं...। मगर हमारी चिंता दुसरी है। पानी इतना नीचे चला गवा है कि हैंडपंप भी नहीं पकड़ता।'

बाबूलाल मेरी तरफ़ देख रहा है।...'मैकू की मेहरिया...!'

सामने मैला घूँघट काढ़े खड़ी है वही औरत। किसी की तलाश कर रही है। बाबूलाल कहता है, 'मैकुआ भाग रहा है। कहूँ जाएगा...कलकत्ता...बम्बई। हियाँ बहुत कर्जा हो गया है। मेहरिया अड़ी है कि कहूँ न जाय देहौं। मैकू छिप के भाग आया है। यह मैकू को ढूँढ़ रही है। बस पर चढ़ने नहीं देगी। मैकुआ हेईं कहूँ लुका है...।'

मैं देख रहा हूँ...लम्बे घूँघट की बेबसी...फिर भी तलाश जारी है।

'का हो बाँके ? मजे में ? का हाल है ?'

'सब आप लोगन की किरपा है काका ! मिसिरों के खेत में काम करते हैं। ईस्वर मिसिरन के साथ है। पारसाल पाम्परोट लगवाया रहें। अबकी बेसल डिरेसिंग कीन...नाइटरेट औ पोटास डारा।...अबहीं टाप डिरेसिंग खतम कीन है...यूरिया डारा है। देखैं का होता है। बहुत महाँग है...हमरे तुम्हरे बस का नहीं है...!'

...दूर बस दिखाई दे रही है। सब लोग खड़े हो गए हैं। बीमार को चादर समेत पीठ पर लाद लिया है। गठरी बन गयी है। मैकुआ की मेहरिया घूँघट ऊँचा कर रही है। सब लोग तैयार हैं...ज़ोर-ज़ोर से हाथ हिला रहे हैं।...मगर बस नहीं रुकती...आगे निकल जाती है।

लोग फिर बिखर गए हैं। बीमार की हालत ख़राब है। फिर लिटा दिया है। घूँघटवाली थक गयी है। ज़मीन पर बैठ कर सुस्ता रही है। घूँघट अब भी दो उँगलियों पर उठा है। चारों तरफ़ देख रही है। किसी भी हालत में जाने नहीं देगी।...बाबूलाल को बहुत अफ़सोस है...'अबै कितने दिन भये हैं...लड़िका चला गा। अब आदमी भी जा रहा है। कइसे न रोकै ! जरूर रोकैगी...!'

हम सब चुप हैं। बाबूलाल फिर बोल रहा है।...'मगर मैकुआ भी का करै ! तमाम कर्जा हुई गवा है। लेनदार परेसान कर रहे हैं। दोनों बखत की रोटी जुड़ती नहीं। भागै ना तो का करै...!'

हम सब फिर भी चुप हैं। लेकिन बाबूलाल फिर भी बोल रहा है।...'जो यहै हाल रहा तो सारे गरीब-गुरबा भाग जाएँगे...एक दिन गाँव मा खाली उनकी मेहरिया रह जाएँगी...!'

अब बादल फिर गहरे हो गए हैं। एकाध बूँद टपक जाती है। बीमार की हालत ख़राब है। मैं मैली टोपी उतार लेता हूँ...घुटे हुए सिर पर हाथ फेरता हूँ। वक़्त गुजरता नहीं है। बातें फिर शुरू हो गयी हैं। लोग फिर धीमी-धीमी आवाज़ों में बोल रहे हैं।...पुरवा में ठीक रहा। भूखे काश्तकार... मेहरिया...बच्चा...सब निकल आये। बनियों से कह दिया कि खबरदार... अनाज गाँव से बाहर न जाने पाये...जो बाहर बेचा तो हम से बुरा कोई न होगा।

बनिया लोग बात मान लिए तो बच गए। मगर ज़मींदार केवलसिंह नहीं माने। टिरेक्टर पर लाद के अनाज ले जा रहे थे कि धावा बोल दिया गया।

'एक तरफ दुई सौ मरद, मेहरिया, बच्चा। लाठी डंडा...जौन मिला...हाथ मा लै लिया। दुसरी तरफ दस-पंदरा कारिंदा...कहूँ पार पा सकते हैं ! सब छोड़-छाड़ के भागे कि पहिले अपनी जान बचावैं...!'

अगली बस को गुज़रने में काफ़ी देर लगेगी। अब लोग थक गए हैं। लोगों ने पोटलियाँ खोल ली हैं। यहाँ वहाँ पेड़ों के नीचे बैठकर खाना शुरू कर दिया है। पीछे खेत में कूआँ है।

बाबूलाल कहता है, 'सियाराम ! भुखा गया है ?...आओ...थोड़ा-थोड़ा हमहूँ खाय लें....!'

सेंगरिन दाई ने राह के लिए रोटियाँ बाँध दी हैं। बेर्रा की रोटियाँ और किलहा आम का अचार। हम लोग खा रहे हैं। घूँघटवाली औरत उसी तरह बैठी है...घूँघट उठाये चारों तरफ़ ताक रही है। बीमार उसी तरह पड़ा हुआ है। बूँदा-बाँदी बढ़ गयी है। दिन गुज़रता जा रहा है।

एक ठेला आता है। ईटें लदी हैं। थोड़ी देर रुकता है...फिर चला जाता है। हम लोग कूएँ पर जाकर हाथ-मुँह धोते हैं...पानी पीते हैं। लोग थक कर ऊँघ रहे हैं। बीमार कराह रहा है।...

अचानक सब चौंक पड़ते हैं। दूर पर बस दिखाई दे रही है। एक-दूसरे को आवाज़ें दे रहे हैं। सब खड़े हो गए हैं। बीमार फिर गठरी बनकर पीठ पर लद गया है। घूँघट वाली खड़ी हो गयी है। सब हाथ हिला रहे हैं।...हे रामचन्द्र जी...हनूमान जी...अबकी बस रुक जाए...।

पास आकर बस रुक जाती है। चारों तरफ़ भगदड़ और शोर है।...ए दादा !...ए भइया !...सम्हाल के !...अरे धक्का काहे मारते हो...!

बस भरी हुई है। बड़ी मुश्किल है। मैं किसी तरह अन्दर पहुँच गया हूँ...खिड़की में से सिर निकालकर बाहर झाँक रहा हूँ।...सियाराम !...बाबूलाल...!

अब दोनों ने मुझे देख लिया है...खिड़की के पास आ गए हैं।

...देखो...अच्छी तरह जाना...जौन खबर होय...हमको लिखना...!

सियाराम रो रहा है।

...अरे पागल...रोता काहे है !...बाबूलाल...इसको समझाओ भैया...! मत रो मुन्ना !...बाबूलाल...इसका ध्यान रखना...दादी को सम्हालना...और क्या कहें...! अब कब मिलना होगा...!

बूँदें लगातार टपकती जा रही हैं। बीमार गठरी बना पीठ पर लदा है। आदमी चिरौरी कर रहा है बीमार की हालत बहुत ख़राब है। हरगंज अस्पताल पहुँचना बहुत ज़रूरी है।...बसवाला तैयार नहीं हो रहा है। बीमार की हालत सचमुच बहुत ख़राब है। राह में कुछ हो गया तो...? बसवाला जोखिम नहीं ले सकता।

...अरे यार...कह दिया न...झंझटबाजी मत करो। हम इसको नहीं ले जा सकते। पीछे खाली ठेला आ रहा है। उसमें ले जाओ।...

बस में खड़े होने की जगह नहीं है। मैकुआ की औरत दरवाज़े पर अड़ी है। बूँदें तड़ातड़ पड़ रही हैं। आदमी उसी तरह चिरौरी कर रहा है।

अब बस वाला दरवाज़ा बन्द कर देता है।...घंटी मारता है। बस की आवाज़ तेज़ हो जाती है। हम लोग चिल्ला रहे हैं।...चिट्ठी-पत्री देते रहना...बड़कू का हाल लिखना...और देखो...हाँ...जरूर...हियाँ का हाल हम लिखेंगे...उनको तुम लिख देना...जौन कुछ होगा...ठीक है...।

हाथ हिलते रह जाते हैं। बस रफ़्तार पकड़ने लगती है। लोग छोटे होने लगते हैं।

अचानक कहीं से मैकुआ निकल आता है। बस के साथ-साथ दौड़ने लगता है। फिर उचककर पाँवदान पर चढ़ जाता है।

मैं पीछे देखता हूँ। घूँघटवाली ने भी दौड़ना शुरू कर दिया है। दौड़ रही है...दौड़ रही है...लेकिन पीछे छूटती जा रही है।...अब बहुत पीछे छूट गयी है...बहुत छोटी हो गयी है...फिर भी दौड़ रही है। घूँघट दो उँगलियों पर टँगा है।...मैं अब भी देख रहा हूँ।

अब दौड़ते-दौड़ते रुक गयी है। खड़ी है। न हिल रही है...न डुल रही है...उसी तरह खड़ी है...बिल्कुल छोटी हो गयी है।

अब दूर पर सिर्फ़ एक छोटा धब्बा दिखाई दे रहा है...न हिल रहा है...न

डुल रहा है...उसी तरह खड़ा है।

बूँदें तेज़ हो गयी हैं।

बस वाला डाँटता है...फिर मैकुआ को अन्दर कर लेता है।...

अब सब कुछ तेज़ी से पीछे छूटता जा रहा है।...पेड़...मिट्टी...धरती...सब कुछ...।

यहाँ से आगे एक क़स्बा...वह भी पीछे छूट जाएगा। एक टूटा इक्का...बूढ़ा आदमी...बीमार घोड़ा...सब कुछ पीछे छूट जाएँगे। या मर जाएँगे। शायद हसन मर चुका है...या घोड़ा मर चुका है।...या दोनों मर चुके हैं। एक छोटा ख़ाली स्टेशन भी पीछे रह जाएगा। हम बहुत आगे...बहुत दूर निकल जाएँगे।...

इस समय अचानक मुझे लगता है कि मैं पिता को भूलने लगा हूँ...पिता की मौत को भी भूलने लगा हूँ। अब मुझे सामने का रास्ता दिखाई दे रहा है...बहुत से लोग दिखाई दे रहे हैं...एक बहुत बड़ी दुनिया दिखाई दे रही है...।

●●●